Manfred Föger
Anita Kuprian

Das grüne Herz der Azoren

São Miguel

Entdecken - Erleben - Genießen

Inhaltsverzeichnis

Vorwort.. 3

Allgemeines.. 4

    Sprache, Währung und Transport
    Die Inseln und ihre Entstehung
    Entdeckung und Geschichte
    Wirtschaft
    Klima und Wetter
    Pflanzenwelt
    Tierwelt
    Kulinarisches

Ponta Delgada.. 18

    Allgemeines
    Geschichte
    Sehenswürdigkeiten

Die schönsten Touren rund um die Insel............................. 24

    Allgemeines
    Durch den Inselwesten
    Durch den mittleren Westen
    Durch den mittleren Osten
    Durch den Inselosten

Service.. 48

    Souvenirs und Fotobedarf
    Restaurantempfehlungen
    Mietwagenagenturen
    Informationsportale im Internet
    Grundwortschatz Portugiesisch

Stichwortverzeichnis.. 53

Übersichtskarten.. 54

Impressum.. 56

Vorwort

Wird von „den Azoren" gesprochen, ist meist São Miguel, die größte und wirtschaftlich bedeutendste Insel dieses Archipels, gemeint. Sie ist nicht nur die touristisch am besten erschlossene der gesamten Inselgruppe, als Knotenpunkt zwischen den Vereinigten Staaten und Europa hat sich São Miguel in den vergangenen Jahren auch zu einem bedeutenden Kongress- und Veranstaltungsort entwickelt. Zahlreiche internationale Vereinigungen und Gesellschaften wählen São Miguel als Tagungsort für ihre jährlichen Kongresse. Von München und Frankfurt ebenso gut zu erreichen wie von New York, London oder Boston ist Ponta Delgada, die Hauptstadt von São Miguel, eine prosperierende, touristenfreundliche Stadt inmitten einer wunderschönen vulkanischen Landschaft.

Die Insel ist rund 750 km² groß, rund 64 km lang und rund 16 km breit. Auf ihr leben rund 140.000 Menschen, davon rund 65.000 in der Hauptstadt Ponta Delgada an der Südküste. Die zweitgrößte Stadt der Insel ist mit rund 10.000 Einwohnern Ribeira Grande an der Nordküste, welche im 18. Jahrhundert aufgrund der hier ursprünglich errichteten Wassermühlen große Bedeutung für die Textilindustrie erlangte.
Weitere bedeutende Orte auf São Miguel sind Lagoa, Vila Franca do Campo und Povoação an der Südküste sowie Nordeste an der Nordostküste. Von touristischem Interesse sind weiters Mosteiros an der Nordwestküste, Porto Formoso und Maia an der Nordküste, Ribeira Quente an der Südküste sowie der legendäre Kurort Furnas im Inneren der östlichen Inselhälfte.
Die Landschaft auf São Miguel ist gekennzeichnet durch sanfte, almähnliche grüne Hügel, eine Vielzahl faszinierender Kraterseen, eine farbenprächtige und vielfältige Flora und die imposante Küstenlandschaft, welche in diversen Akzentuierungen von feinen Sandstränden bis hin zu schroffen Felsküsten auftritt. Der höchste Berg der Insel ist der Pico da Vara im Osten mit 1.105 m.

Dieser Führer richtet sich an alle Interessierten, welche die Möglichkeit haben, privat oder aber im Rahmen eines beruflichen Aufenthalts einige Tage auf São Miguel zu verbringen. Der Schwerpunkt dieses Buches liegt daher ausschließlich auf dieser Insel und deren Sehenswürdigkeiten. Vorgestellt werden interessante Ausflugsziele, Wanderrouten und Bademöglichkeiten auf der ganzen Insel, ausgehend von einer Unterbringung in der Hauptstadt Ponta Delgada.
Wir hoffen, mit dem vorliegenden Inselguide eine handliche und nützliche Unterstützung bei Ihrer Urlaubsplanung geschaffen zu haben und wünschen viel Freude beim Lesen und anschließenden Erkunden dieser wunderschönen Insel!

Manfred Föger und Anita Kuprian

Allgemeines

Sprache, Währung und Transport

Die Azoren, eine Inselgruppe im Atlantik, sind eine autonome Region Portugals und somit Teil der Europäischen Union. Die Landessprache der Azoren ist Portugiesisch, die offizielle Währung ist der Euro. Während in der touristisch geprägten Hauptstadt der größten Insel São Miguel, Ponta Delgada, sehr viele der Einheimischen auch Englisch sprechen, ist dies außerhalb der Hauptstadt tendenziell nicht der Fall. Ein absolutes Minimum an portugiesischen Höflichkeitsfloskeln für den Alltag sollte daher jeder Urlauber griffbereit haben und beherrschen (siehe Kapitel Service).

Das öffentliche Verkehrssystem auf São Miguel ist prinzipiell sehr gut ausgebaut, jedoch empfiehlt sich für Touristen die Anmietung eines Leihwagens für die Dauer des Aufenthaltes, da außerhalb der Hauptstadt die Verbindungen seltener getaktet sind und viele touristisch interessante Ziele nur mühsam bzw. mit erheblichen Zeitverlusten angefahren werden können. Eine Liste von Mietwagenagenturen finden Sie im Anhang (siehe Kapitel Service).

> **INFO!** Die Zeitverschiebung zur mitteleuropäischen Zeit beträgt auf allen Inseln der Azoren -2 Stunden.

Die Inseln und ihre Entstehung

Die Azoren bestehen aus insgesamt neun bewohnten Inseln. Sie liegen zwischen dem 25. und 31. Längengrad bzw. dem 37. und 40. Breitengrad. Die Entfernung von Portugal beträgt rund 1.500 km, von Nordamerika rund 3.500 km.

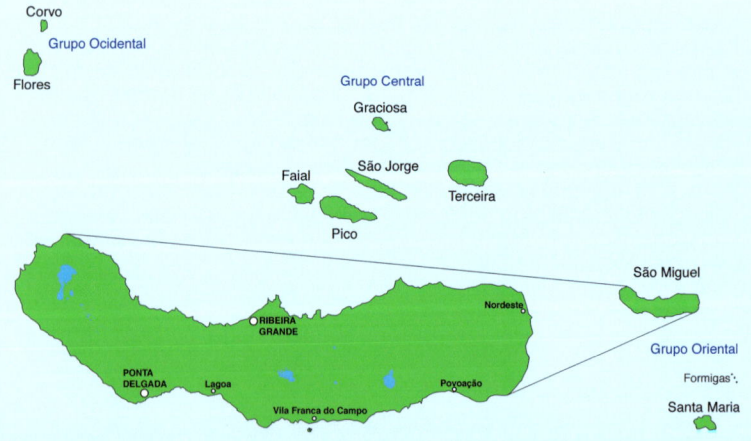

Aufgrund der geographischen Distanz zueinander – zwischen Corvo im Nordwesten und Santa Maria im Südosten liegen rund 622 km – werden die Inseln in drei Gruppen unterteilt. Die westlichsten Inseln Corvo und Flores bilden die „Grupo Ocidental", die Inseln Faial, Pico, Graciosa, São Jorge und Terceira werden als Zentralgruppe („Grupo Central") bezeichnet, die östlichsten Inseln Santa Maria und São Miguel bilden zusammen mit den unbewohnten Formigas (deutsch: „Ameisen", acht Inselchen, von denen die höchste 11 m hoch ist) die „Grupo Oriental". Insgesamt leben auf den Azoren rund 250.000 Menschen.

Als sich der Urkontinent Gondwana teilte und Europa und Afrika von Amerika getrennt wurden, entstand der Atlantik. Entlang der Grenzlinien zwischen den Erdplatten entstanden die so genannten Mittelozeanischen Rücken – ein nahezu erdumspannendes Netz aus untermeerischen Erhebungen und Gebirgszügen, an denen die Kontinentalplatten auseinanderdriften, die ozeanische Erdkruste aufbricht und Magma aus dem Erdinneren neuen Ozeanboden erzeugt (Ozeanbodenspreizung). Der Mittelatlantische Rücken ist der längste Rücken dieses Systems und mit rund 45.000 km die längste Gebirgskette der Erde. Sein Kamm liegt im Durchschnitt zwischen 1.500 und 3.000 m unter der Wasseroberfläche. Er ist nach wie vor vulkanisch und tektonisch äußerst aktiv.

Direkt auf dem Mittelatlantischen Rücken liegen einige Inseln – unter anderem Island, Jan Mayen – und auch die Azoren. Der Berg Ponta do Pico auf der Insel Pico ist mit seinen 2.351 m Höhe gleichzeitig die höchste Erhebung des gesamten Rückens.

Die Inseln der Westgruppe – Corvo und Flores – sind geologisch gesehen ein Teil der Amerikanischen Platte und liegen genau auf dem Rücken, die restlichen Inseln gehören zur Eurasischen Platte und liegen etwas östlich des Rückens. Während Flores und Corvo im Westen sowie Santa Maria im Südosten als inaktive Vulkaninseln gelten, zeigen sich auf allen anderen Inseln noch Anzeichen des aktiven Vulkanismus, wie etwa leichte Erdbeben, heiße Quellen und Gasaustritte.

Auf den Inseln finden sich zwei verschiedene Arten von Vulkanen. Während weniger explosive Ausbrüche mit Aschesäulen von nur rund 1 km Höhe vor allem auf Pico und São Miguel viele kleine Kegel (Picos) an den Flanken der Zentralvulkane gebildet haben, sind die gewaltigen Explosionen dieser selbst von zerstörerischer Kraft. Deren Eruptionssäulen können eine Höhe von bis zu 20 km erreichen und verwüsten große Landstriche. Als Folge dieser Eruptionen, bei denen unterirdische Magmakessel entleert werden, können Vulkane strukturell instabil werden und in sich kollabieren.

Dabei können die so genannten Calderen entstehen, Krater, in welchen sich im Laufe der Zeit Kraterseen bildeten.

Zwar befinden sich die Vulkane der Azoren aktuell in einem Schlafzustand, jedoch sind Vulkanausbrüche auch in jüngerer Vergangenheit historisch dokumentiert. Der letzte Vulkanausbruch auf einer der Inseln fand – mit Unterbrechungen – von September 1957 bis Oktober 1958 auf Faial statt. Durch die Eruption bildete sich die „Ponta dos Capelinhos" genannte Halbinsel vor der Westspitze Faials, welche sich im November 1957 mit der Hauptinsel vereinigte und diese dadurch um rund 2,5 km² vergrößerte. Heute ist rund die Hälfte der aus Vulkanasche bestehenden Halbinsel bereits wieder im Meer versunken.

Doch auch im Meer vor der Küste der Azoren gab es vulkanische Aktivität in jüngster Vergangenheit: Von 1998 bis 2001 kam es zu Ausbrüchen im Bereich des Serrata-Schlotes rund 8 km westlich der Insel Terceira. Aus rund 500 m Tiefe stieg mehrfach heißer Wasserdampf auf, am 10. Februar 1999 konnte eine rund 70 m hohe Wasserdampfsäule beobachtet werden. Vulkanologen berichteten weiters von bis zu 3 m langen, mit Gas angereicherten Bimsstein-Lavablöcken, die vom Meeresboden an die Oberfläche gedrückt wurden und anschließend wieder versanken.

> **INFO!** An den Küstenlinien der Azoreninseln finden sich kaum Schelfränder und von den steilen Felsufern fällt das Meer schnell auf rund 2.000 bis 2.500 m Tiefe ab.

Entdeckung und Geschichte

Münzfunde aus dem 17. Jahrhundert auf der Insel Corvo belegen, dass zumindest diese Azoreninsel bereits in der Antike von den Phöniziern besucht wurde. Auch in dem um 1375 entstandenen „Atlas Catalan", der die damals bekannte Welt vom Atlantik bis China darstellt, sind die Azoren – wenn auch nicht vollständig – bereits verzeichnet.

Ihre „offizielle" Entdeckung datiert in der Geschichtsschreibung auf das Jahr 1427, als der portugiesische Seefahrer und Entdecker Diogo de Silves im Auftrag von Heinrich dem Seefahrer (1394 – 1460) eine Entdeckungsreise unternahm. Er sollte das Ende der Welt suchen – man ging damals noch davon aus, dass die Erde eine Scheibe sei – und im Zuge dessen fand er rund 1.500 km von der Küste Portugals entfernt zufällig die Insel Santa Maria, als seine Karavelle von heftigem Wind von ihrem Kurs abgetrieben wurde.

Zwar liegt sie nur rund 100 km südlich von São Miguel, die Entdeckung der größten Azoreninsel soll jedoch erst 35 Jahre später stattgefunden haben, als auf Santa Maria angeblich ein geflüchteter Sklave auf einen Hügel kletterte und zufällig die viel größere Insel im Nordwesten erblickte. Als dritte Insel wurde Terceira – auf Deutsch sinnigerweise „die

Dritte" – von unbekannten Seefahrern entdeckt. Pico, die zweitgrößte und Faial, die fünftgrößte Insel, wurden in der ersten Hälfte des 15. Jahrhunderts entdeckt und in den Jahren 1460 bzw. 1432 besiedelt. São Jorge wurde 1439 erstmals erwähnt. Graciosa, die zweitkleinste Insel, wurde im Jahr 1450 von dem auf Terceira lebenden Siedler Vasco Gil Sodré entdeckt. Als letzte Inseln wurden Corvo und Flores 1452 von Diogo de Teive entdeckt.

Die Azoren erhielten ihren heutigen portugiesischen Namen „Ilhas dos Açores", auf Deutsch „Habichtsinseln", aufgrund der dort in großer Zahl lebender Bussarde, welche von den portugiesischen Seefahrern fälschlicherweise für Habichte gehalten wurden.

Aufgrund ihrer strategisch günstigen Lage wurden die Azoren zu einem wichtigen Stützpunkt zwischen Europa und den europäischen Besitzungen in Mittel- und Südamerika. Im Jahr 1493 besuchte Christoph Columbus die Azoren auf dem Rückweg von seiner ersten Entdeckungsfahrt.

Erst im 19. Jahrhundert erfuhr die Inselgruppe einen nennenswerten wirtschaftlichen Aufschwung durch den Anbau von Tabak, Tee, Ananas und vor allem Orangen sowie den zunehmend professionalisierten Walfang (Portugal unterstützte die Azoren beim Aufbau einer Walfangflotte).

Doch die breite Masse der azoreanischen Bevölkerung litt weiterhin unter Armut und Arbeitslosigkeit und so wurden Brasilien, Kanada, vor allem aber die USA zu den Hauptzielen einer wahren Flut von Auswanderern. Um die Dimension der Emigrationswellen zu begreifen, ein kleiner Vergleich: Heute leben auf den Azoren rund 250.000 Menschen – allein an der Ostküste der USA leben jedoch rund 700.000 Menschen azoreanischer Abstammung!

Auch gewannen die Azoren im 19. Jahrhundert zunehmende Bedeutung als Bindeglied zwischen den Vereinigten Staaten von Amerika und Europa: Für die aufkommende Dampfschifffahrt wurden günstig gelegene Häfen zur Ladung von Kohle benötigt und auf den Azoren infolgedessen Kohlenbunker angelegt. 1893 wurde das erste transatlantische Unterseekabel über Faial geführt und in den 1930er Jahren landeten die ersten Transatlantik-Linienflüge in deren Hauptstadt Horta. Während des Zweiten Weltkriegs bauten die USA im Jahr 1943 auf Terceira ihren seit 1913 vorhandenen Stützpunkt für den Einsatz großer Luftverbände aus und auf Santa Maria wurde von den Amerikanern im Jahr 1944 ein Großflughafen errichtet, welcher bis in die 1970er Jahre für Zwischenstopps transatlantischer Flüge genutzt wurde.

Wirtschaft

Ursprünglich waren die Bewohner der Azoren Fischer, Bauern und Handwerker. Erst ab dem 19. Jahrhundert gewannen die Inseln durch den großflächigen Anbau von Tee, Tabak, Ananas und Orangen überregionale Bedeutung.

Auch der kommerzielle Walfang, welcher vom frühen 19. Jahrhundert an bis Mitte der 1980er Jahre praktiziert wurde, stellte einen bedeutenden Wirtschaftsfaktor dar. Der Walfang mit der Harpune, wie er auf den Azoren betrieben wurde, war zwar ein risikoreicher Beruf, welcher vielen Waljägern das Leben kostete, dennoch lohnte sich das Risiko: Fleisch, Waltran, Knochen – die Tiere wurden vollständig verwertet und die Walfänger waren angesehene Mitglieder der Gesellschaft. Das Walrat (Spermaceti) der Pottwale diente als Schmiermittel für Maschinen und die Ambra aus den Verdauungsgängen der Tiere war aufgrund ihres Duftes schon bald ein essentieller Bestandteil der Parfumherstellung und der Pharmaindustrie.

Noch heute lebt rund die Hälfte der Azoreaner von der Landwirtschaft, wobei Vieh- und Milchwirtschaft dabei den wohl bedeutendsten Wirtschaftsfaktor darstellen. Die Azoren sind über ihre Grenzen hinaus bekannt für ihr Rindfleisch sowie ihre verschiedenen Milch- und Käseprodukte. Auch Ackerbau wird nach wie vor in großem Ausmaß betrieben. Zuckerrohr, Ananas, Tabak, Mais, Bananen, Süßkartoffeln, Orangen und Taro werden heute noch auf der Insel – großteils zum Eigenverbrauch – kultiviert. Auf São Miguel existieren auch die beiden einzigen Teeplantagen innerhalb der EU – die Plantagen des „Chá de Gorreana" und des „Chá Porto Formoso" sind zwar Touristenattraktionen, jedoch wird der Tee ebenfalls zum Großteil direkt auf der Insel vermarktet und nur zu einem geringen Teil exportiert.

Während die Landwirtschaft nach wie vor eine bedeutende Rolle in der Versorgung der lokalen Bevölkerung einnimmt, ist die Bedeutung der Fischerei seit Jahren rückläufig. Damit verbunden leidet auch das gesamte Fisch verarbeitende Gewerbe unter dem Rückgang der Fangmengen. Klassische Fischerstädte wie Rabo de Peixe, welche die Entwicklung hin zur Tourismuswirtschaft verschlafen haben, leiden heute unter hohen Arbeitslosenquoten.

In den vergangenen Jahren gewann der Tourismus auf São Miguel kontinuierlich an Bedeutung. Hauptgründe dafür sind unter anderem das milde, angenehme Klima der Azoren ohne Temperaturextreme und die eindrucksvolle, grüne Landschaft mit ihren zahlreichen Vulkankratern und Naturwundern.

Doch der wahre Grund für diese Entwicklung liegt tausende Kilometer weit entfernt im fernen Brüssel begraben:

Dank großzügigen finanziellen Zuwendungen Portugals und – seit dem Beitritt Portugals zur EU im Jahre 1986 – insbesondere des europäischen Förderprogramms FEDER (Fundo Europeu de Desenvolvimento Regional, Europäischer Fonds für regionale Entwicklung) entwickelten sich die Azoren in den vergangenen 25 Jahren vom Armenhaus Europas zu einer infrastrukturell modern ausgestatteten Region. Straßen wurden ausgebaut, geothermische Kraftwerke errichtet sowie moderne Kommunikationsmedien eingeführt und (teils mit Subventionen) zahlreiche Hotels errichtet. Erst das Vorhandensein einer ausgebauten Infrastruktur ermöglichte die Entwicklung zu einem bedeutenden Tourismusziel.

Klima und Wetter

Bekannt sind die Azoren vor allem als Wetterküche Europas – aus den Wetterberichten im Fernsehen und aufgrund des berühmten „Azoren-Hochs". Dieses entsteht durch Luftmassen, die in der Äquatorregion erwärmt werden und aufsteigen, dabei jedoch abkühlen und in geografischen Breiten wie jenen der Azoren wieder sinken.

Das Klima auf den Azoren ist durchwegs gemäßigt mit sehr milden Wintern und warmen, aber nicht heißen Sommern. Das Wetter ist sehr wechselhaft – wundern Sie sich daher nicht, wenn es beim Frühstück nach Regen aussieht und Sie sich mittags fragen, warum Sie Ihre Badesachen nicht eingepackt haben. Selbst im Sommer empfiehlt es sich, am Abend stets eine dünne Jacke griffbereit zu haben. Die „kältesten" Monate sind von November bis April mit Durchschnittstemperaturen von 17-19 Grad am Tag und 11-14 Grad in der Nacht, die wärmsten Monate sind Juli bis September mit Temperaturen von 22-25 Grad am Tag und 16-18 Grad in der Nacht. Die regenreichsten Monate sind von Oktober bis März mit 18-20 Regentagen pro Monat, die trockensten Monate sind Juli und August mit jeweils 10 Regentagen.

Da sich jedoch wie bereits erwähnt das Wetter auf den Azoren sehr schnell ändern kann, muss Ihr Urlaub – auch mit 5 Regentagen pro Woche – noch lange nicht „ins Wasser" fallen. Insbesondere im Sommer sind Schauer zwar häufig, jedoch genauso schnell

> **INFO!** Auf der Seite der azoreanischen Tageszeitung www.diariodosacores.pt gibt es – auf portugiesisch – unter dem Menüpunkt „O Tempo" die Wettervorschau unter anderem für Ponta Delgada, aufgeteilt auf Manhã (vormittags) und Tarde (nachmittags, abends) mit den erwarteten Tages- und Nachttemperaturen. Auch unter www.meteo.pt (auch auf Englisch verfügbar) gibt es die Wettervorschau für São Miguel, jedoch weniger detailliert als jene der lokalen Zeitung.

wieder vorüber, wie sie gekommen sind. Auch sind Regenfälle oft lokal begrenzt – Sie können daher bei der Umsetzung Ihrer Aktivitäten vor dem schlechten Wetter „flüchten" und auf einem anderen Teil der Insel einen durchwegs sonnigen Tag verbringen!

Die Wassertemperaturen betragen zwischen 17 und 20 Grad im Zeitraum von November bis Mai, von Juni bis Oktober erwärmt sich der Atlantik an der Küste auf 21-23 Grad.

Pflanzenwelt

Auf Ihren Ausflügen quer über die Insel werden Ihnen einige Pflanzen mit Sicherheit mehrmals begegnen. Aus diesem Grund folgt hier eine Übersicht der „üblichen Verdächtigen" der Pflanzenwelt auf São Miguel:

Hortensie (*Hydrangea macrophylla*)

Dieser ursprünglich aus Süd- und Ostasien stammende, opulent blühende Strauch wird bis zu 3,5m hoch und seine großen Scheinblüten kommen in Farbschattierungen von Weiß über Rosa bis Blau und Violett vor. Auf São Miguel und den anderen Azoreninseln wurde die mittlerweile zur Charakterpflanze der Azoren avancierte Hortensie erst im 19. Jahrhundert eingeführt. Sie wird einerseits als Zierpflanze in Gärten oder aber auch entlang von Straßenverläufen geschätzt, andererseits dienen Hortensienhecken auch als wirkungsvolle Abgrenzung von Weideflächen, da sie vom Vieh nicht gefressen werden.

Kahili-Ingwer, Zieringwer (*Hedychium gardnerianum*)

Diese ursprünglich aus Nepal, Pakistan und dem Himalaya stammende Pflanze wird rund 2,5 m hoch und beeindruckt durch ihre faszinierenden, zylinderförmigen Blütenstände, welche rund 20 cm lang werden und einen Durchmesser von rund 10 cm erreichen. Die einzelnen gelben Blüten haben rund 5-6 cm lange Staubfäden und duften äußerst wohlriechend. Aus den Blüten bilden sich orange Früchte, die mit leuchtend roten

Samen gefüllt sind. Der Ingwer, welcher im 19. Jahrhundert auf São Miguel als Zierpflanze eingeführt wurde, verbreitet sich sehr aggressiv und unterdrückt den Bewuchs durch andere Pflanzen. Wenn Sie über die Insel fahren, können Sie

> **TIPP!** Zupfen Sie eine einzelne Blüte aus der Dolde und saugen Sie am Blüten-stängel – das süße Ingwera-roma wird Sie begeistern!

auch von der Straße aus die unzähligen Flächen entdecken, welche bereits vollständig vom Zieringwer überwuchert wurden.

Palmfarne (*Cycadales*)

Zu dieser Gruppe gehören weltweit an die 300 verschiedenen Arten, welche ihren deutschen Namen ihrem Aussehen verdanken: Der Stamm ist palmenartig (teilweise auch unterirdisch), die Blätter erinnern an Farne. In der Vergangenheit wurden Teile von Palmfarnen (Knollenstämme, Mark, Samen) vor allem in Afrika und Asien als Stärkelieferanten für die Herstellung von Mehl oder alkoholischen Getränken genutzt. Dadurch und aufgrund des kontinuierlichen Verlustes ihrer Lebensräume sind heute nicht nur viele Arten sehr stark gefährdet, etliche Palmfarnarten sind in freier Natur bereits ausgestorben. Bitte denken Sie daran, wenn Sie einen Vertreter dieser imposanten Pflanzen sehen und verzichten Sie auf das Sammeln von Samen. Achtung! Nahezu alle Arten enthalten giftige Bestandteile!

Azoren-Lorbeer (*Laurus azorica*)

Dieser immergrüne Baum oder Strauch prägte bis zur Besiedlung durch den Menschen die ursprüngliche Ur-Waldlandschaft der Azoren. Heute sind jedoch nur noch geringe Restbestände erhalten, der größte davon ist eine rund 4 km² große Fläche auf São Miguel, gelegen am Pico da Vara, im Osten der Insel. Der Azoren-Lorbeer wird zwischen 15 und 25 m hoch und hat eine markante glatte, graue Rinde. Junge Zweige und Blätter sind hellgrün und an der Unterseite behaart, ältere Blätter sind dunkelgrün und glänzend. Die olivenförmigen Beeren sind erst grün und später schwarz. Nicht zu verwechseln mit dem als Gewürz verwendeten Echten Lorbeer (*Laurus nobilis*) aus dem Mittelmeerraum!

Sicheltanne, Japanische Zeder (*Cryptomeria japonica*)

Dieser ursprünglich aus China und Japan stammende, schnell wachsende, immergrüne Baum aus der Familie der Zypressengewächse wird bis zu 50 m hoch. Charakteristisch sind neben seiner rötlich braunen Rinde vor allem die spiralig gestellten und nach innen gekrümmten Nadelblätter sowie die kugeligen, rund 2 cm großen Zapfen.

Walzenförmiger Heidelbeerbaum (*Vaccinium cylindraceum*)

Diese ungewöhnliche Heidelbeerart ist endemisch, das heißt, dass sie nur auf den Azoren (außer auf der Insel Graciosa) vorkommt. Sie ist sommergrün und kann mit einer Größe von bis zu 3,5 m getrost als Großstrauch oder Kleinbaum bezeichnet werden. Die Beeren dieser Heidelbeerart sind ebenfalls blauschwarz wie ihre Verwandten vom europäischen Festland, ebenso essbar, schmecken jedoch teilweise nicht besonders intensiv.

Kolokasie, Taro (*Colocasia esculenta*)

Diese bis zu 2 m hohe Sumpfpflanze mit den charakteristischen großen Blättern stammt aus Asien und ist mit der Calla, einer beliebten Schnittblume, verwandt. Die großen, sehr stärkehaltigen Wurzeln werden im Dezember geerntet und ähnlich wie Süßkartoffeln gekocht

gegessen. Die Kochzeit ist mit rund vier Stunden wesentlich länger als bei Kartoffeln. Die Blätter und Blattstiele werden als Gemüsebeilage zubereitet. Da die Pflanze feuchtes Erdreich benötigt, gedeiht sie vornehmlich an Bächen oder in Flusstälern.

Zwerg-Banane (*Musa acuminata*)

Die Bananenstaude, welche oft fälschlicher-weise als Baum bezeichnet wird, stammt in ihrer Wildform ursprünglich aus Südostasien. Die Zwergbanane wird knapp 2 m hoch, ihre großen Blätter sind zumeist vom Wind zer-rissen. Nach 7 bis 8 Monaten entwickelt sich ein riesiger Blütenstand, an welchem dann die Bananen reifen. Sie sind etwas kleiner als in Mitteleuropa handelsübliche Sorten, haben jedoch einen wesentlich feineren und aro-matischeren Geschmack. Das Wort Banane stammt übrigens aus einer westafrikanischen Sprache, wahrscheinlich dem Wolof.

Prunk-, Prachtwinde (*Ipomoea*)

Die Prunkwinden sind mit rund 650 Arten eine sehr artenreiche Gattung aus der Familie der Windengewächse. Sie wachsen als Kletterpflanzen, auf Sträuchern, Bäumen, Mauern, gele-gentlich auch niederliegend oder sogar schwimmend. Die beeindruckenden Blütenkronen können von weiß über rot und blau bis violett gefärbt sein. Die wirtschaftlich bedeutendste Art der Prunkwinden ist die Süßkartoffel (Ipomoea batatas), welche auf den Azoren ebenfalls heimisch ist. Die orangefarbenen oder roten Knollen werden wie Kartoffeln zubereitet und schmecken aufgrund ihres hohen Zuckergehaltes etwas süßlicher.

Tierwelt

Auch die Tierwelt auf São Miguel spiegelt die Vielfältigkeit der Natur dieser Insel wider. Neben höchst interessanten Vögeln wie dem Gelb-schnabelsturmtaucher, dem Azorenbussard oder dem „Priolo" – auch Azorengimpel genannt – lebt vor der Küste eine Vielzahl an Walen und Delfinen.

Azorengimpel (*Pyrrhula murina*)

Auf einem Gebiet von rund 60 km² rund um den Berg Pico da Vara im Osten der Insel existiert mit dem äußerst seltenen „Priolo", auch „Azorengimpel" genannt, eine endemische (d.h. nur auf dieser Insel vorkommende) Vogelart. Im Jahr 1866 beschrieb der englische Ornithologe F.D. Godman in der renommierten britischen Ornithologen-Zeitschrift «Ibis» erstmals diese Art, die zur damaligen Zeit auf den Azoren noch recht verbreitet war.

Anfang des 20. Jahrhunderts jedoch stellte eine britische Forscher-gruppe dem Azorengimpel den „Totenschein" aus – er sei sehr selten und sein Aussterben somit binnen weniger Jahre ein Faktum. Nichts-destotrotz sammelte eben diese Forschergruppe ein Dutzend der sel-tenen Vögel ein und nahm sie mit. Wenige Jahre später entnahm ein professioneller Sammler an die 50 Exemplare für diverse europäische Museen. So kam es, dass der Azorengimpel 1927 letztmalig lebend gesehen wurde und erst 1968 wiederentdeckt wurde. Neben der blinden Sammelwut diverser Forscher entzog vor allem die Zerstörung der natürlichen Lorbeerwälder auf São Miguel dem kleinen Vogel seine Lebensgrundlage und seinen Lebensraum. Daneben wurde der Gimpel auch als Schädling gejagt, da er seine Hauptnahrung (Samen, Körner und Nüsse) gegen Ende des Winters und zu Beginn des Frühjahres gerne mit geschlossenen Blütenknospen von diversen Obstbäumen bereicherte, was den Landwirten verständlicherweise ebenfalls ein Dorn im Auge war.

Der Azorengimpel ist heute mit einer Population von insgesamt nur rund 1.600 Tieren laut Schätzungen der Naturschutzorganisation IUCN eine vom Aussterben bedrohte Art.

Gelbschnabel-Sturmtaucher (*Calonectris diomedea*)

Der weitaus häufigste Brutvogel der Azoren ist der zur Familie der Röhrennasen gehörende Gelbschnabel-Sturmtaucher, von dem etwa 500.000 Individuen im Bereich der Inselgruppe brüten. Das entspricht rund 80% der weltweiten Gesamtpopulation. Er wird bis zu 50 cm lang und erreicht eine Flügelspannweite von bis zu 115 cm. Die Farbe des Schnabels ist schmutzig gelb, mit einem grauen Fleck an der Spitze. Als Zugvögel nisten sie im Frühjahr an Klippen im Mittelmeer und Nordatlantik, zum Überwintern ziehen sie ab Oktober an die Küsten Nordamerikas und Afrikas.

Zur bevorzugten Nahrung gehören kleine Fische und Tintenfische und sogar Abfall.

Die jammernden bzw. krächzenden Rufe erklingen in den Morgen- und Abendstun-den und erinnern zuweilen an Motorräder.

Gelbschnabel-Sturmtaucherpaare bleiben übrigens ein Leben lang zusammen!

Azorenbussard (*Buteo buteo rothschildi*)

Der Azorenbussard, eine Unterart des Mäusebussards, kommt auf 7 der 9 Inseln vor. Seinem zahlreichen Vorkommen ist auch die Bezeichnung der Inseln als „Ilhas dos Açores" („Habichtsinseln") zu verdanken, denn die Entdecker des 15. Jahrhunderts verkannten die vielen hoch in den Lüften kreisenden Bussarde als Habichte. Das Federkleid der Azorenbussarde ist dunkelrotbraun mit einer weiß gefiederten Unterseite mit vielen dunkelbraunen Längsstreifen auf dem Bauch. Der Azorenbussard frisst mit Vorliebe kleine Säugetiere wie Kaninchen, Ratten oder Mäuse, aber auch Frösche oder kleine Vögel.

Er wurde lange Zeit als Hühnerdieb gejagt und als ausgestopfte Trophäe in diversen Wohnzimmern präsentiert. Sein Bestand ging daher stark zurück und heute leben nur ca. 300 – 400 Paare des Azorenbussards auf den Inseln.

Wale und Delfine (*Cetacea*)

Von der renommierten Agentur Shermans Travel wurden die Azoren 2007 unter die Top 10 der besten Whale Watching Spots der Welt gewählt – und das nicht ohne Grund: Rund 25 verschiedene Wal- und Delfinarten tummeln sich vor den Küsten der Inseln!

Neben Unechten Karettschildkröten (*Caretta caretta*), die bis zu 120 cm lang und 110 kg schwer werden, können Besucher vor allem ein Potpourri unterschiedlicher Wal- und Delfinarten in ihrem natürlichen Lebensraum beobachten.

Pottwale (*Physeter macrocephalus*), Kurzflossen-Grindwale (*Globicephala macrorhynchus*) und Große Tümmler (*Tursiops truncatus*) können ebenso beobachtet werden wie kleine Delfin-Arten (*Stenella frontalis*, *Stenella coeruleoalba* bzw. *Delphinus delphis*) oder Rundkopf-Delfine (*Grampus griseus*). Auch Schwertwale (*Orcinus orca*), Kleine Schwertwale (*Pseudorca crassidens*), Buckelwale (*Megaptera novaeangliae*) und Finnwale (*Balaenoptera physalus*) halten sich oft vor den Küsten der Insel auf.

Sogar die mit rund 33 m Länge und einem Gewicht von rund 200 t größten Säugetiere der Welt – die Blauwale (*Balaenoptera musculus*) – wurden schon vor den Azoren beobachtet. Weitere Spezies, die sich regelmäßig im näheren Umkreis der Inseln aufhalten, sind der Sowerby-Zweizahnwal (*Mesoplodon bidens*), der äußerst selten gesehene Nördliche Entenwal (*Hyperoodon ampullatus*), der Grauwal (*Eschrichtius robustus*) und der Seiwal (*Balaenoptera borealis*).

> **TIPP!** Diverse Agenturen bieten Whale Watching-Touren von Ponta Delgada und Vila Franca do Campo aus an. Auch Schwimmen mit Delphinen haben die meisten Agenturen im Angebot. Da die „Lookouts" der diversen Anbieter jedoch etwas östlich von Vila Franca das Meer beobachten und Sichtungen an die Boote melden, ist ein Start von Vila Franca do Campo aus empfehlenswert, da die Boote von Ponta Delgada aufgrund der weiteren Strecke erst später und dann zumeist gesammelt am Sichtungspunkt erscheinen, was dazu führen kann, dass sich die Tiere gestört fühlen und abtauchen. Empfehlenswert ist beispielsweise der Anbieter Terrazul mit Standort an der Marina von Vila Franca do Campo. Touren gibt es täglich um 9.00 Uhr und um 13.00 Uhr (man muss eine halbe Stunde vor der Abfahrt dort sein), die Dauer beträgt rund 2,5 h. Die Kosten pro Person belaufen sich auf € 53,- (Stand: Sommer 2010). Eine Voranmeldung ist erforderlich, kann aber auch online (englischsprachig) unter www.terrazulazores.com durchgeführt werden!

Kulinarisches

Aufgrund der Lage São Miguels inmitten des Atlantiks nehmen Fisch und diverse Meeresfrüchte naturgemäß einen hohen Stellenwert in der Ernährung der Einheimischen ein. Jedoch sind auch Fleischgerichte von einheimischen Rindern sehr empfehlenswert. Einige Spezialitäten der azoreanischen Küche sollten Sie im Zuge Ihres Aufenthaltes auf jeden Fall probieren.

Der auf São Miguel unvermeidbare Frischkäse wird in den meisten Lokalen als Gedeck zusammen mit einem Korb Brot und scharfer Paprikasauce gereicht.

Eine auf den ersten Blick ungewöhnliche, jedoch geschmacklich absolut empfehlenswerte Vorspeise ist die „Morcela com Ananas", eine mit Ananasstückchen garnierte gebratene Blutwurst, welche leicht scharf zubereitet und mit Zimt gewürzt wird. Des Weiteren gehören „Lapas" zu den klassischen Vorspeisen, wobei die kleinen Napfschnecken mit Knoblauch in einer Pfanne gebraten und mit Zitronensaft beträufelt direkt aus der Schale gegessen werden. Auch der Oktopussalat („Salada de Polvo") sollte nach Möglichkeit probiert werden – es ist allerdings bei sämtlichen Vorspeisen zu beachten, dass die Portionen häufig größer sind als in Mitteleuropa, lassen Sie daher bei der Bestellung lieber Vorsicht walten, bis Sie die Größe der Vorspeise gesehen haben; oft gibt es daher auch die Möglichkeit, halbe Portionen der Gerichte („meia dose") zu bestellen.

Bei den Hauptgerichten sind diverse Fische sowie die sehr beliebten, als „Bife" bezeichneten Rindersteaks sehr zu empfehlen. Beachten Sie, dass die Fleischgerichte auf den Speisekarten oftmals mit dem Zusatz „com ovo" versehen sind – die Azoreaner essen sehr gerne ein Spiegelei zu ihren Steaks, was Festlandeuropäer zuweilen etwas verwundern mag.

TIPP! Speziell in Caffé-Bars und Abendlokalen, welche über viele Sitzplätze im Freien verfügen, ist es üblich, die Bestellung an der Bar im Inneren aufzugeben und direkt dort an der Kassa zu bezahlen. Werfen Sie daher sicherheitshalber einen Blick ins Innere des Lokals, bevor Sie sich draußen setzen – zumeist weist ein Schild an der Kasse mit der Aufschrift „pré-pagamento" darauf hin. Die Bestellung wird dann vom Kunden selbst nach draußen getragen. Leeres Geschirr kann am Tisch stehen gelassen werden.
Generell herrscht Rauchverbot in Lokalen und wird auch strikt eingehalten – es ist jedoch gestattet, auf den Sitzplätzen im Freien zu rauchen, auch wenn dort zumeist keine Aschenbecher auf den Tischen stehen. Zigaretten sind in nahezu jeder Lokalität, ob Café-Bar oder Restaurant, in Automaten erhältlich. Um die Abgabe von Zigaretten an Kinder zu verhindern, müssen die Automaten jedoch vor Benützung per Fernbedienung vom Personal aktiviert werden.

Ponta Delgada

Allgemeines

Ponta Delgada, auf Deutsch „schmale Spitze", ist zwar den beiden anderen Distriktshauptstädten der Azoren, Angra do Heroísmo auf Terceira und Horta auf Faial, verwaltungsrechtlich gleichgestellt, jedoch ist sie aufgrund ihrer wirtschaftlichen und touristischen Bedeutung die faktische Hauptstadt der Azoren. Rund 65.000 Menschen leben in der Stadt und ihren Vororten. Viele Pendler aus den umliegenden Orten fahren jeden Tag zur Arbeit in die Metropole, auch die Zuwanderung in die Stadt steigt stetig an. Im Westen der Stadt liegt der internationale Flughafen João Paulo II. (IATA-Code PDL), welcher nicht nur São Miguel mit den anderen Inseln des Archipels verbindet, sondern auch als Knotenpunkt für Flüge in die USA und nach Europa dient. 1975 wurde die Universität der Azoren (Universidade dos Açores) mit einem Hauptteil der Departments in Ponta Delgada gegründet. Einige Fächer können jedoch auch auf Faial (Ozeanografie und Fischerei) und Terceira (Agrarwissenschaften) studiert werden.

Das Stadtbild von Ponta Delgada präsentiert sich als relativ ungeordnetes Nebeneinander verschiedener Baustile – während einfallslos-sterile Hotelkomplexe und das monströse Kaufhaus Solmar an der Küstenstraße getrost als Bausünden bezeichnet werden können, welche die Silhouette der Stadt nachhaltig zum Negativen verändert haben, findet sich im Zentrum eine Vielzahl von Gassen mit liebenswürdigem Altstadtcharakter – schmale, niedrige Häuserzeilen in lebhaften Farben verputzt umrahmen die schmalen, buckeligen gepflasterten Gässchen mit den

typischen, wunderschönen Gehsteigmustern.

Ponta Delgada zeigt sich ihren Besuchern am Tag als geschäftige Wirtschaftsmetropole mit intensivem Verkehr und buntem Treiben auf den Straßen, in der Nacht als ruhige, gediegene Hafenstadt. Das Nachtleben in Ponta Delgada spielt sich großteils an der Marina

am Hafen ab, einer erst vor wenigen Jahren fertig gestellten Vergnügungspromenade. Hier verbringen auch viele Einheimischen ihre Feierabende bei einem Gläschen oder einem guten Essen in den zahlreichen Bars und Restaurants mit Blick auf das Hafenbecken und die Silhouette der Stadt. Das unscheinbare Café „Baja dos Anjos" (Bucht der Engel) verwandelt sich gegen Mitternacht in eine Diskothek, in welcher man bis in die frühen Morgenstunden feiern kann.

Für Ruhesuchende bietet Ponta Delgada eine große Auswahl an öffentlichen Gärten zum Staunen, Flanieren und Entspannen – im Jardim José do Canto im Norden der Stadt lädt ein kleiner Badepool zu einem erfrischenden Sprung ins kühle Nass ein. Ansonsten sind die Bade-

möglichkeiten in der Hauptstadt eher dünn gesät – am Hafen gibt es neben einem öffentlichen Schwimmbad an der neuen Marina auch einen Zugang zum Meer. Diese Bademöglichkeiten sind jedoch mit jenen, welche im Rahmen der Inselerkundungstouren vorgestellt werden, keinesfalls zu vergleichen und daher sollten Sie – sofern es Ihnen möglich ist – diese dem Baden in Ponta Delgada gegenüber bevorzugen.

Geschichte

Gegründet wurde die Stadt 1499 unter König Manuel I. Bis ein Erdbeben im Jahr 1522 die damalige Inselhauptstadt Vila Franca do Campo völlig zerstörte, war Ponta Delgada nur eine kleine, unbedeutende Fischersiedlung mit eigenem Hafen. Als jedoch nach dem Beben die feine Gesellschaft der Insel gesammelt nach Ponta Delgada umzog, bescherte sie damit der kleinen Stadt den ersten Aufschwung ihrer Geschichte. 1546 erhielt Ponta Delgada dann auch das Stadtrecht. Um die stetig wachsende Einwohnerschar vor Angriffen, insbesondere von Piraten, zu schützen, wurde die imposante Festung Forte de São Brás gebaut.

Jedoch hatte Papst Paul III. im Jahr 1534 die Stadt Angra auf Terceira zum Bischofssitz erhoben und sie somit zur wichtigsten Stadt der Azoren erkoren, was einen weiteren Aufschwung Ponta Delgadas verhinderte. Zusätzlich wurde die Stadt 1673 von einer Pestepidemie heimgesucht, bei der viele Menschen ihr Leben verloren.

Erst ab dem 18. Jahrhundert gelang der Stadt ein weiterer Aufschwung, als Plantagenbarone mit dem Anbau und dem Handel von Orangen ein Vermögen machten. Viele der imposanten Herrenhäuser in der Stadt erinnern noch heute an diese Blütezeit; auch die vielen Park- und Grünanlagen stammen aus jener Zeit, als durch den Handel auch Einflüsse aus England in der Stadt spürbar wurden.

Die horrenden Steuerzinse, welche die Bürger Ponta Delgadas an den Bischofssitz in Angra zahlen mussten, verhinderten jedoch die Entwicklung von Wohlstand außerhalb der reichen Bevölkerungsschicht, das Gros der Bürger lebte in ärmlichen Verhältnissen und in Abhängigkeit von den Plantagenbesitzern. Der Unmut über die hohe Steuerlast gipfelte schließlich 1821 in einer Revolte.

São Miguel erhielt letztlich vom königlichen Hof in Lissabon eine eigene Inselregierung zugesprochen und war somit nicht mehr dem fernen Terceira verpflichtet. So begann eine weitere Phase des Aufschwungs für Ponta Delgada als neuen Regierungssitz. Ab 1828 wurde unter der Aufsicht und Planung von Henrique da Fonseca de Sousa Prego mit dem Bau der – teilweise bis heute genutzten – Kanalisation begonnen, rund elf Jahre später wurde die Fertigstellung der mit Fischöl betriebenen Straßenbeleuchtung gefeiert.

Auf Wunsch der Besitzer der Orangenplantagen, die ihre Waren einfacher verladen wollten, wurde 1861 mit dem Bau einer befestigten Hafenanlage begonnen. Als diese jedoch fertig gestellt wurde, nützte das den Orangenbaronen nichts mehr – ein heimtückischer Pilz hatte die Plantagen bereits großteils vernichtet. Der Hafen förderte dennoch die weitere Entwicklung der Stadt, es siedelten sich viele Industriebetriebe in und um Ponta Delgada an. 1947 wurde die Uferpromenade befestigt, um die Stadt vor den regelmäßigen Überflutungen bei starkem Seegang zu schützen. 1975 wurde schließlich die Universität der

Azoren gegründet und mit der Deklaration der Azoren als autonome Region Portugals im Jahr 1976 wurde Ponta Delgada der Regierungssitz.

Mit dem Beitritt zur EU im Jahr 1986 begann ein wahrer Geldregen für das Archipel, denn als eine der ärmsten Regionen der EU qualifizierte sich die Region für die hoch dotierte so genannte „Ziel-1-Förderung". Hauptaufgabe der Regierung war seitdem die Verwaltung und Investition der Fördergelder – es wurden Krankenhäuser, Schulen und Flughäfen gebaut sowie historische Gebäude restauriert. Auch im infrastrukturellen Bereich wurde investiert und moderne Schnellstraßen wurden errichtet.

Da auch der Bau von Hotels teilweise gefördert wurde, entstanden in dieser Zeit viele Unterkünfte, was dem aufstrebenden Tourismus als wichtige Grundlage diente.

Sehenswürdigkeiten

Aufgrund des undurchsichtigen Wirrwarrs von Einbahngassen erkundet man das Zentrum von Ponta Delgada am besten zu Fuß. Für eine oberflächliche Besichtigung sollte man einen halben Tag einplanen, möchte man die Stadt jedoch umfassend kennen lernen, sollte ein ganzer Tag eingerechnet werden.

Das Zentrum erstreckt sich dreiecksförmig von der „Praça 5 de Outubro" im Westen der Südkuste über die Küstenstraße Avenida Infante Dom Henrique entlang bis an die Marina im Osten und Richtung Norden bis zum Jardim Antero de Quental.

Der Praça 5 de Outubro ist ein von Platanen gesäumter, mit wunderschön gemustertem Kopfsteinpflaster verzierter Platz, in dessen Mitte ein riesiger australischer Eisenholzbaum gepflanzt ist. Hier

finden Feste, Theateraufführungen und Konzerte statt. Nördlich des Platzes befindet sich der Convento de Nossa Senhora da Esperança, ein Kloster, welches – wie auch viele Kirchen auf den Azoren – zu festlichen Anlässen mit zahllosen bunten Glühbirnen erleuchtet wird.

Südöstlich des Platzes steht das Monumento ao Emigrante aus dem Jahr 1999. Im Westen des Platzes befinden sich das ehemalige Franziskanerkloster sowie die Kirche São José, die größte Kirche der gesamten Azoren. Südlich des Platzes, zur Küste hin, ist das Forte de São Brás situiert. Geht man von der Praça Richtung Nordosten, gelangt man zum Jardim Padre Semas Freitas, einer kleinen Gartenanlage vor dem dahinterliegenden Palácio da Conceição, dem Präsidialamt. Angeschlossen an den Palácio ist die nördlich davon gelegene Kirche Nossa Senhora da Conceição.

Geht man von dort weiter nach Nordwesten, gelangt man zum Jardim António Borges, einem liebevoll angelegten botanischen Garten mit Pflanzen aus aller Herren Länder aus dem 19. Jahrhundert, der mit seinen kleinen Teichen, Grotten und Bänken zum gemütlichen Spazieren und Verweilen einlädt. Über die nördlich des Parks verlaufende Avenida Antero Quental passiert man nach Osten gehend das Einkaufszentrum Parque Atlântico und gelangt anschließend zu den beiden nebeneinanderliegenden Parkanlagen Jardim do Palácio de Sant'Ana und Jardim José do Canto. Ein schöner kleiner Pool (als „Piscina" beschildert) lädt im Jardim José do Canto zu einem Sprung ins kühle Nass ein.

Folgt man nun der Rua J. M. R. Amaral nach Süden und biegt man an der Rua Dr. Falcão nach Osten ab, kann man das Museu Carlos Machado, das größte Museum der Azoren, besuchen. Neben naturkundlichen Exponaten werden auch Werke bedeutender azoreanischer Künstler ausgestellt und im Erdgeschoß erhalten die Besucher einen eindrucksvollen historischen Einblick in das Leben auf den Azoren und den Arbeitsalltag der verschiedenen Handwerksberufe.

Geht man anschließend die Rua dos Manaias weiter nach Süden, stößt man Mitten im Zentrum auf die Igreja Matriz de São Sebastião. Diese Kirche wurde zwischen 1533 und 1547 erbaut und ver-

eint nach zahllosen Um- und Ausbauten heute sämtliche Baustile aller Epochen, welche jemals auf den Azoren en vogue waren: Portugiesisch-gotischer Stil stellt die Basis dar, welche durch Elemente der Emanuelistik (Hauptportal) und des Barock (Nebenportale, Fenster) ergänzt wurde. Südwestlich der Kirche befinden sich das Rathaus (Câmara Municipal) und die schmale, langgezogene Praça da República. Im Süden schließt auf dem Platz Largo de Gonçalo Velho Cabral das Wahrzeichen der Stadt an – die Portas da Cidade, die Stadttore. Der Platz selbst ist nach dem Wieder-Entdecker der Inseln Santa Maria und Sãô Miguel benannt.

Es empfiehlt sich, die Erkundungstour durch die Stadt mit einem Spaziergang entlang der Küste zur neuen Marina und dort mit einem gemütlichen Getränk in einem der schönen Lokale ausklingen zu lassen.

SCHLECHTWETTERPROGRAMM:

Mit der Bummelbahn durch die Stadt: Bequem lässt sich Ponta Delgada von einer historischen Bummelbahn aus kennen lernen. Unter www.lagarta.net/en/ können Sie die angebotenen Bahnstrecken sowie die Abfahrtszeiten einsehen. Angeboten werden eine Strandtour, eine Gartentour, eine historische Tour, eine Tour zum Thema geschichtliches Erbe sowie eine Tour durch die Nachbarstädte und –dörfer. Ein Ticket für eine Tour kostet € 4,50 (Stand: 2010).

Tabakfabrik: Die Tabakfabrik „Fábrica de Tabaco Estrela" in der Rua de Santa Catarina erlaubt Besuchern einen Blick hinter die Kulissen der Zigarren- und Zigarettenproduktion. Knapp mehr als ein Drittel des verarbeiteten Tabaks stammt von den Azoren, der Rest wird importiert. Verkauft werden die Produkte fast ausschließlich auf den Azoren selbst, ein kleiner Teil wird in die USA exportiert. Die meist gerauchte Marke auf den Inseln ist „Além Mar". Führungen durch die Fabrik finden jeden Donnerstag um 15.30 Uhr statt.

Zuckerfabrik: Zwischen Juli und September, wenn die Rübenernte erfolgt, lohnt sich ein Besuch der „Fábrica de Açucar Siniga" in der Rua de Lisboa 73. Hier können Interessierte den Herstellungsprozess von Zucker mitverfolgen. Aus 10 kg Rüben wird lediglich 1 kg Zucker gewonnen. Führungen finden jeden Mittwoch um 14.00 Uhr statt.

Die schönsten Touren rund um die Insel

Allgemeines

Um São Miguel individuell zu erkunden, lohnt sich die Anmietung eines Leihwagens für die Dauer Ihres Aufenthaltes. Eine Übersicht über die auf der Insel vertretenen Mietwagenagenturen finden Sie im Anhang (siehe Kapitel Service). An den großteils sehr gepflegten Straßen laden Dutzende Aussichtspunkte zum Verweilen und Genießen des durchwegs herrlichen Ausblicks ein. Diese Aussichtspunkte („Miradouro") sind mit braunen Schildern, auf denen ein weißes Fernglas abgebildet ist, gekennzeichnet und daher nicht zu verfehlen.

Die Insel ist jedoch ebenso ein wahres Eldorado für Natur- und Wanderliebhaber. Unzählige gut gepflegte und beschilderte Wanderwege ermöglichen es dem interessierten Naturliebhaber, die schönsten Plätze der Insel zu erkunden. Alle offiziellen Wanderrouten (Percurso pedestre, PR bzw. PRC) auf São Miguel sind mit rot-gelben Markierungen versehen und nach dem Muster „PRxxSMI" nummeriert. Für alle

offiziellen Routen können die GPS-Tracks kostenlos aus dem Internet heruntergeladen werden (siehe Kapitel Service).

Auch an diversen Bademöglichkeiten mangelt es auf São Miguel nicht.

Im Folgenden werden vier, sich über die gesamte Insel erstreckende Touren vorgestellt, welche einerseits auf den Besuch der wichtigsten Sehenswürdigkeiten abzielen, andererseits auch Zugang zu den an diesen Routen gelegenen Wanderstrecken und Bademöglichkeiten bieten.

Sollte das Wetter einmal nicht mitspielen und Sie daher keine Wanderungen oder Badeausflüge unternehmen können, gibt es auf São Miguel vielfältige Möglichkeiten, Regentage interessant zu überbrücken. Zahlreiche Fabriken und Handwerksbetriebe in und um Ponta Delgada und Ribeira Grande ermöglichen es Besuchern meist kostenlos, den Produktionsprozess von Ananas, Tabak, Zucker, Maracujalikör oder den berühmten, „Azulejos" genannten, blau bemalten Fliesen zu verfolgen (siehe Kapitel Service).

Durch den Inselwesten

Relva – Pico do Carvão – Visto do Rei – Sete Cidades – Mosteiros

Von Ponta Delgada aus folgen Sie der Hauptstraße (EN 1-1a) in westlicher Richtung zum Flughafen. Nachdem Sie den Flughafen und den kleinen Ort Relva Richtung Feteiras fahrend passiert haben, gelangen Sie zum „Miradouro do Caminho Novo", einem alten Walfängerausguck, von wo Sie den Blick auf die westliche Südküste genießen können. Von diesem Aussichtspunkt aus können Sie eine Wanderung zur Küste nordwestlich von Relva unternehmen (siehe Wanderung „Rocha da Relva").

Anschließend wird die Fahrt auf der Straße ER 8-2 nach Norden (Richtung Pico do Carvão bzw. Visto do Rei) fortgesetzt. Wenn Sie auf dem Weg zu den Naturschutzgebieten Lagoas Empadadas und Lagoa do Canário über die grünen Hügel der Insel fahren, bekommen Sie einen guten Eindruck, weshalb São Miguel den Beinamen „die grüne Insel" trägt. Am Aussichtspunkt Pico do Carvão angekommen, erleben Sie einen atemberaubenden Blick über die hügelige, fruchtbare Vulkanlandschaft.

Folgen Sie dem Straßenverlauf weiter bis zum Aussichtspunkt Visto do Rei, von welchem aus man einen herrlichen Blick über die beiden berühmten Kraterseen „Lagoa Azul" und „Lagoa Verde" genießen kann.

Auf dem Weg vom Pico do Carvão nach Nordwesten zum Aussichts-punkt Visto do Rei bieten sich drei Einstiegspunkte für Wanderungen (siehe Wanderungen „Mata do Canário – Sete Cidades", „Serra De-vassa" und „Visto do Rei – Sete Cidades"). Bitte beachten Sie jedoch, dass nur die Wanderung über die Serra Devassa eine geschlossene Runde beschreibt. Die beiden anderen Wanderungen führen ent-lang des östlichen bzw. westlichen Kraterrandes hinunter nach Sete Cidades. Diese beiden Wanderungen zu verknüpfen und um den gesamten Kraterrand zu wandern ist zwar möglich, jedoch würde diese Wanderung einen ganzen Tag beanspruchen und über mehrere hun-dert Höhenmeter führen. Die beiden Startpunke am oberen Kraterrand liegen zudem rund 5 km voneinander entfernt und sind nur durch die relativ viel befahrene Straße vom Pico do Carvão zum Visto do Rei verbunden. Auf eine Alternative zur gesamten Wanderung der beiden Routen wird bei den Wanderungen kurz eingegangen.

Vom Visto do Rei, welcher einen spektakulären Blick auf die Caldeira (span. „Kessel") von Sete Cidades mit ihren beiden berühmten Seen eröffnet, folgt man der Straße bergab Richtung Sete Cidades, bis man zum Aussichtspunkt „Miradouro do Cerrado das Freiras" östlich des Lagoa Verde gelangt, welcher einen neuen Blickwinkel auf die beiden faszinierenden Seen eröffnet.

Im Tal angelangt überquert man die Brücke, welche die beiden Seen optisch trennt und gelangt in das malerische Städtchen Sete Cidades, um welches sich nicht wenige Legenden ranken. Hier können Sie eine kleine Stärkung zu sich nehmen, bevor es zu einem der schönsten Badeplätze der Insel weitergeht.

MYTHEN UND SAGEN: Um die beiden Kraterseen ranken sich verschiedene Legenden. Eine erzählt von der Liebe zwischen einer Prinzessin, Tochter eines reichen Königs, und einem armen Hirten. Die Prinzessin verbrachte viel Zeit mit Wanderungen über die Insel. Bei einer dieser Wanderungen traf sie den gut aussehenden, aber bettelarmen Hirten. Sie verliebten sich ineinander und verbrachten fortan viel Zeit zusammmen. Als aber der König eines Tages ihre Liebe entdeckte, verbot er seiner Tochter, den Hirten weiter zu treffen, denn nach seinem Willen sollte sie den Prinzen eines benachbarten Reiches heiraten. Als sich die Prinzessin und der Hirte ein letztes Mal trafen, um sich voneinander zu verabschieden, weinten beide sehr und ihre Tränen – die blauen der Prinzessin und die grünen des Hirten – füllten zwei Seen und obwohl sie einander danach nie wieder trafen, waren sie durch ihre Tränen weiterhin miteinander verbunden.

Eine andere Legende erzählt von einem König, dessen größter Wunsch, ein Kind zu haben, nicht in Erfüllung ging. Eines Nachts erschien ihm eine Fee und versprach ihm eine Tochter. Allerdings machte sie es zur Bedingung, dass er diese Tochter in den Sieben Städten (Sete Cidades) erziehen lassen und sie nicht vor ihrem 30. Geburtstag sehen sollte. Würde er sich nicht daran halten, so würde er großes Unglück über sich und sein Reich bringen. Überglücklich stimmte der König zu und seine Tochter kam in Sete Cidades zur Welt und wuchs dort auf. Doch kurz vor Ablauf der 30 Jahre hielt der König die Sehnsucht nicht mehr aus und brach zu den Sieben Städten auf, um endlich seine Tochter zu sehen. Als er sich dem Ort jedoch näherte, begann der Boden unter seinen Füßen zu beben, die Erde teilte sich und spie Feuer und Rauch in den Himmel. Eine große Welle überflutete die Insel und als das Wasser sich zurückzog, blieben nur neun kleine, felsige Flecken zurück. An der Stelle, an der Sete Cidades gelegen hatte, befand sich nun ein riesiger Krater mit zwei Seen. Durch den Sturm und das Erdbeben wurden die Kleider der Königstochter zerrissen und landeten im Krater – so schimmert einer der Seen blau von ihrem Kleid und der andere grün von ihrem Hut.

Sie verlassen Sete Cidades in westlicher Richtung nach Várzea und fahren dann die Kustenstraße entlang nach Norden Richtung Mosteiros. Diese kleine Stadt im Nordwesten der Insel ist eine der wenigen, welche direkt am Meer liegt. Im Ort sind die beiden Bademöglichkeiten, die meerwassergefüllten Naturschwimmbecken im Norden der Stadt („Piscinas naturais") und der schwarze Lavastrand („Praia") im Süden der Stadt, gut ausge-

schildert. Da das Gehen auf dem heißen schwarzen Sand besonders an sehr sonnigen Tagen ebenso schmerzhaft ist wie das Laufen auf dem schroffen Lavagestein der Naturschwimmbecken im Norden der Stadt, sollten Sie keinesfalls ohne Sandalen oder Schuhe herumlaufen!

Anschließend verlassen Sie Mosteiros nach Süden Richtung Várzea. Wenn Sie nicht die Küstenstraße nehmen, sondern auf der etwas näher am Meer gelegenen Gemeindestraße fahren, bietet sich am Aussichtspunkt Ponta do Escalvado etwas südlich der Stadt abschließend noch ein fantastischer Ausblick über Mosteiros. Egal, welcher Straße Sie folgen – über Várzea geht es der Küste entlang, vorbei an den Städtchen Ginetes, Candelária, Feteiras und Relva wieder zurück nach Ponta Delgada.

Wandermöglichkeiten entlang dieser Rundfahrt:

Rocha da Relva (am Beginn der Rundfahrt und am Rückweg möglich)

Vom Aussichtspunkt „Miradouro do Caminho Novo" führt ein kleiner, holpriger Feldweg rund 2 km nach Westen. Am Ende dieses Feldweges befinden sich ein relativ schlecht sichtbarer Heiligenschrein und ein umso besser sichtbarer Parkplatz, an welchem Sie Ihr Auto abstellen können. Dort beginnt auch die Wanderung auf einem gut begehbaren Pfad stets bergab bis zur Küste mit den imposanten schwarzen, grauen und weißen Steinen am Strand und dem Rocha da Relva („Felsen von Relva"). Am Ende des Wanderweges liegen neben einer kleinen, unscheinbaren Siedlung und einer Kapelle auch einige schöne Weingärten. Der Rückweg entspricht

dem Hinweg. Es gibt keine Einkehrmöglichkeit am Ende des Wanderwegs, daher sollten Sie Getränke und Verpflegung – sofern erwünscht – mitbringen. Bitte unterwegs kein Obst von den Bäumen pflücken!

Code: PRC20SMI
Schwierigkeitsgrad: leicht
Länge: 4,5 km
Dauer: rund 2,5 h
Höhenunterschied: An- und Abstieg je 170 Höhenmeter

Mata do Canário – Sete Cidades (Keine Rundwanderung!)

Folgen Sie dem Straßenverlauf vom Pico do Carvão aus weiter Richtung Nord/Nordwest bis Sie zu einer Abzweigung nach rechts zum Mata do Canário gelangen. Dort befindet sich neben einem Aquädukt der Ausgangspunkt für den Wanderweg östlich entlang des Kraters hinunter nach Sete Cidades. Möchten Sie keine Tageswanderung unternehmen, empfiehlt es sich jedoch, dem Wanderweg lediglich ein Stück weit (beispielsweise bis zum Pico da Cruz) zu folgen und dort nach Genuss der fantastischen Aussicht wieder umzukehren.

Code: PR4SMI
Schwierigkeitsgrad: leicht
Länge: 11 km
Dauer: rund 3 h
Höhenunterschied: Anstieg 80, Abstieg 535 Höhenmeter (bis nach Sete Cidades)

Serra Devassa (Rundwanderweg)

Auf dem Weg vom Pico do Carvão zum Aussichtspunkt Visto do Rei passieren Sie die Abzweigung zum Lagoa do Canário, welchen Sie ebenfalls kurz besuchen können. Gegenüber der Abzweigung zum See, linkerhand der Straße, befindet sich ein Parkplatz, von welchem aus eine rund zweistündige Rundwanderung auf die Hügel der Serra Devassa, den Berg Éguas und rund um die kleinen Kraterseen Lagoa do Junca, Lagoa de Éguas und Lagoa Rasa begonnen werden kann.

Code: PRC5SMI
Schwierigkeitsgrad: leicht
Länge: 4,2 km
Dauer: rund 2 h
Höhenunterschied: An- und Abstieg je 125 Höhenmeter

Die schönsten Routen

Visto do Rei – Sete Cidades (Keine Rundwanderung!)

Zum Startpunkt des Wanderweges, der am westlichen Kraterrand entlang nach Sete Cidades führt, folgen Sie dem Straßenverlauf ausgehend vom Pico do Carvão weiter zum Aussichtspunkt Visto do Rei, an welchem die Wanderroute beginnt. Da dieser Weg ebenfalls hinunter nach Sete Cidades führt, bietet es sich auch hier an, nicht die gesamte Strecke zu wandern, sondern nach Belieben ein Stück am westlichen Kraterrand entlang zu spazieren und den selben Weg wieder zurückzugehen.

Code: PR3SMI
Schwierigkeitsgrad: leicht
Länge: 7 km
Dauer: rund 2 h
Höhenunterschied: Abstieg 300 Höhenmeter (bis nach Sete Cidades)

Durch den mittleren Westen

Pico Barrosa – Lagoa do Fogo – Caldeira Velha – Ribeira Grande – Rabo de Peixe – Capelas – Pinhal da Paz – Fajã de Baixo

Von Ponta Delgada aus fahren Sie der Küstenstraße EN 1-1a entlang Richtung Osten bis Lagoa. Biegen Sie nach dem Passieren des Ortszentrums auf die Straße EN 5-2a Richtung Lagoa do Fogo ab und folgen Sie dieser bergauf Richtung Nordosten, bis Sie rechter Hand eine Abzweigung zum Pico Barrosa erreichen. Von dieser knapp 950 m hohen Erhebung genießt man einen atemberaubenden Blick über die südwestlich gelegene Serra de Água de Pau. Weiter dem Straßenverlauf Richtung Nordosten folgend erreichen Sie den an sich unauffälligen Aussichtspunkt, von welchem man einen umso spektakuläreren Blick auf den mysteriösen Feuersee (Lagoa do Fogo) erleben kann.

Der See liegt in der Caldera des Vulkans Água de Pau und ist von üppig grüner Vegetation umrahmt. Weiße Sandstrände und tiefblaues Wasser machen diesen See zu einem der schönsten Naturerlebnisse der Insel. Da das ganze Gebiet um den Feuersee unter Naturschutz steht, ist eine Rundwanderung um den See nicht möglich.

Anschließend folgen Sie dem Straßenverlauf weiter Richtung Norden, bis Sie zu einem kleinen Parkplatz vor einer scharfen Rechtskurve gelangen, in deren Bucht – zumindest in den Sommermonaten – einige Straßenhändler ihre kleinen Souvenirstände aufgebaut haben. Hier lohnt es sich, einen Zwischenstopp einzulegen (sollte der Parkplatz voll sein, gibt es gleich hinter der Kurve weitere Parkmöglichkeiten), um die „Caldeira Velha", ein heißes Thermalwasserbecken mit kleinem Wasserfall, zu besuchen und eventuell darin ein Bad zu nehmen. Ein gut gepflegter Weg führt durch eine beeindruckende, urwaldähnliche Vegetation mit vielen großen Baumfarnen. Ein kleines Bächlein rechter Hand des Weges gibt Ihnen einen ersten Eindruck von dem, was Sie erwartet – greifen Sie einfach hinein und fühlen Sie die Temperatur! Die orangefarbenen Ablagerungen an den Steinen stammen von den im Thermalwasser gelösten Mineralien. Nach kurzem Marsch – vorbei an einer heißen Dampfquelle – gelangen Sie zu dem sehr versteckt gelegenen Highlight: dem heißen Wasserfall, dessen Wasser in einem künstlich angelegten Badebecken gefasst wird. Gönnen Sie sich eine Erholungspause in dem herrlich warmen Wasser (das Becken ist lediglich einen halben Meter tief) oder eine entspannende Wassermassage direkt unter dem Wasserfall! Umkleidekabinen sind auf dem Weg zum Becken linker Hand vorhanden.

Nach diesem erholsamen Abstecher folgen Sie nun der Straße weiter Richtung Norden, bis Sie zum Pico Vermelho Geothermiekraftwerk (Central Geotérmica do Pico Vermelho) oder dem Restaurant „Lagoa do Fogo" gelangen. Von dort aus können Sie eine kurze Wanderung zu den Caldeiras, den heißen Quellen von Ribeira Grande und dem imposanten Wasserfall „Salto do Cabrito" unternehmen (siehe Wanderung „Salto do Cabrito").

Anschließend geht es weiter Richtung Norden nach Ribeira Grande, der mit insgesamt rund 10.000 Einwohnern zweitgrößten Stadt der Insel. Ribeira Grande bezaubert durch sein reizendes Stadtbild: Der „große Fluß", welcher der Stadt ihren Namen gab, teilt diese in zwei Hälften, bevor er nach dem Passieren einer wunderschönen Parkanlage ins Meer mündet.

Der durchwegs sehr fruchtbare Boden rund um die Stadt machte diese bereits im 15. Jahrhundert zur Kornkammer der Insel und zu einem florierenden Zentrum. Später wurden auch Wollmanufakturen gegründet und brachten der Stadt enormen Wohlstand, welcher sich heute noch in ihren vielen herrschaftlichen Gebäuden widerspiegelt. Heute spielt Ribeira Grande vor allem in der Milch verarbeitenden Industrie eine bedeutende Rolle, mit der „Lacto Ibérica" ist am Ostrand der Stadt eine der größten Molkereien und Käsefabriken der Azoren angesiedelt.

Alle wichtigen Gebäude der Stadt sind rund um den öffentlichen Garten (Jardim Público) gruppiert – genießen Sie doch eine kurze Ruhepause in diesem Park oder einen Bummel durch die hübsche Stadt mit ihren schönen Straßenzügen und sehenswerten kleinen Gassen.

TIPP: Lohnenswert ist ein Besuch der Keramikmanufaktur „Cerâmica Micaelense" am östlichen Ortsrand, wo Sie unter anderem die typischen „Azulejos" (blau bemalte Fliesen) und wunderschöne Vasen erwerben sowie deren Produktionsprozess besichtigen können. Auch die „Fábrica de Licores Eduardo Ferreira" oder ihr Verkaufsladen im Zentrum von Ribeira Grande ist einen Besuch wert – der für die Insel typische Maracujalikör wird hier aus hauseigenen Früchten erzeugt, ebenso wie diverse andere Likör- und Brandyspezialitäten, Marmeladen und einige Süßwaren. Anfahrtsbeschreibung und Öffnungszeiten finden Sie im Kapitel Service.

Nordwestlich liegt der mittlerweile eingemeindete Ort Ribeira Seca. Ein alter Brunnen, der Fontenario, erinnert hier an einen mittelalterlichen Vulkanausbruch. 1563 wurde der Brunnen meterhoch von Lava bedeckt und mit ihm der gesamte Ort. Erst im Zuge von Bauarbeiten im Jahr 1958 wurde der Brunnen wiederentdeckt. Wenn Sie nach den bisherigen Besichtigungen eine Erfrischung suchen, finden Sie an der Küste unterhalb des Ortes einen kleinen Sandstrand.

Fahren Sie nun weiter an der Nordküste Richtung Westen, so erreichen Sie nach wenigen Kilometern das Dorf Rabo de Peixe, das seit jeher vorwiegend vom Fischfang lebt. Das Ortsbild von Rabo will so gar nicht zum neuen, modernen Image von São Miguel passen – viele Straßenzüge wirken ärmlich und verwahrlost. Die besten Zeiten der Fischerei sind schon lange vorüber und der Ort kann nur wenig vom allgemeinen Aufschwung in São Miguel profitieren. Dafür ist Rabo de Peixe ursprünglich geblieben und ein Besuch am Hafen und in der angeschlossenen Fischhalle lohnen allemal.

Von Rabo de Peixe fahren Sie an der Küste entlang weiter, bis Sie nach Vila das Capelas gelangen. Der Ort war bis in die 1970er Jahre das Walfangzentrum São Miguels. Etwas außerhalb liegt der alte Walfängerhafen Porto dos Pocos. Hier wurden die erlegten Wale an Land gebracht und an Ort und Stelle weiterverarbeitet. Noch in der ersten Hälfte des 20. Jahrhunderts herrschte hier Hochbetrieb, doch heute verfallen die alten Anlagen. Im Dorf selbst erinnert ein Brunnen an der Kirche Nossa Senhora da Apresentação an die Walfänger von einst und am Morro das Capelas steht noch ein alter Walfängerausguck. Mit viel Glück kann man weit vor der Küste bis heute den einen oder anderen Wal entdecken.

Um nach Ponta Delgada zurückzukehren, wählen Sie entweder die Nebenstraße, welche von Capelas Richtung Südosten führt oder folgen der Küstenstraße zurück nach Osten bis zur Abzweigung der

Hauptstraße EN 4-1a. Diese bringt Sie in das von Weideland geprägte Zentrum des mittleren Inselwestens. Schon auf der Südseite des zentralen Höhenrückens bietet sich die Möglichkeit, einen weiteren Abstecher einzubauen.

Links Richtung Ribeira Grande abzweigend erreichen Sie nach knapp zwei Kilometern die wiederum links führende Abzweigung zum Pinhal da Paz, einer Mischung aus Parkanlage und Forstschutzgebiet (Abzweigung beschildert). Am Ende der schmalen, aber durchgehend asphaltierten Zufahrt liegt ein großer Parkplatz, der nur an Wochenenden und Feiertagen ziemlich voll werden kann. Der Park ist ein beliebtes Ausflugziel der Inselbewohner. Neben Spazier- und Wandermöglichkeiten bieten sich mehrere Grillplätze und gestaltete Gartenabschnitte. Hier können Sie die Vegetation der Azoren – sowohl einheimische als auch aus anderen subtropischen Gebieten eingeführte Pflanzen – in ihrer ganzen Fülle entdecken. Allerdings fehlen die in einem botanischen Garten üblichen Beschriftungen, so dass manchmal nur das Bewundern einer namenlosen floralen Schönheit übrig bleibt. Markante Teile der Anlage sind etwa ein Bambushain, ausgedehnte Sicheltannen-Bestände, Bäume und Sträucher des Lorbeerwaldes und ein Sukkulentengarten mit Kakteen und anderen Gewächsen der Trockenregionen. Auch ausgedehntere Wanderungen sind möglich, zum Beispiel in Richtung

Pico do Cascalho (siehe Wandermöglichkeiten entlang dieser Rundfahrt).

Folgt man für den weiteren Rückweg nach Ponta Delgada wiederum der EN 4-1a, bietet sich in Fajã de Baixo eine letzte Sehenswürdigkeit. Hier können Sie auf der Ananasplantage von Dr. Augusto Arruda die Kultivierung dieser Pflanze in allen Details und Entwicklungsstadien studieren. Die Zufahrt zur Plantage ist im Ortskern von Fajã de Baixo ausgeschildert, doch

kann das Navigieren durch die engen Gassen – viele davon mit Einbahnregelung – dennoch etwas nervend sein. Für den Rundgang durch die Plantage, den man unbegleitet unternehmen kann, liegen im Besucherzentrum der Plantage auch Handzettel mit entsprechenden Erklärungen (in englischer Sprache) auf. Auch können hier die Produkte der Plantage und andere Souvenirs rund um das Thema Ananas und Pflanzen erworben werden.

Nach dem Besuch der Plantage erreichen Sie in wenigen Minuten das Zentrum von Ponta Delgada und damit den Ausgangspunkt dieser Rundfahrt.

Wandermöglichkeiten entlang dieser Rundfahrt:

Salto do Cabrito

Der Wanderweg beginnt direkt am Restaurant „Lagoa do Fogo". Bald darauf wendet sich der Weg nach links und gibt immer wieder Blicke auf das Tal der Ribeira Grande frei. Nach einem Kilometer erreichen Sie ein Kraftwerk; ein Abstecher zum Fluss eröffnet den Ausblick auf den Wasserfall. Über Stufen neben dem Kraftwerk und stets weiter der Markierung folgend erreichen sie schließlich die Caldeiras der Ribeira Grande, wo der Weg endet. Der Rückweg erfolgt auf dem gleichen Pfad. Achtung: 2010 war der Weg aufgrund von Erdrutschen und der nachfolgenden Bauarbeiten gesperrt. Aktuelle Auskünfte über die Sperre finden Sie unter www.trails-azores.com.

Code: PR29SMI
Schwierigkeitsgrad: leicht
Länge: 3,5 km
Dauer: rund 1 h
Höhenunterschied: Anstieg 145, Abstieg 70 Höhenmeter

Pinhal da Paz

Im ausgedehnten Parkgelände des Pinhal da Paz lassen sich auch wunderschöne Spaziergänge unternehmen. Der wohl ausgedehnteste führt Sie auf eine Aussichtsterrasse unterhalb des Pico do Cascalho. Von hier bietet sich ein umfassender Rundblick, insbesondere auf die Inselhauptstadt Ponta Delgada. Die Wege im Park sind zwar nur teilweise markiert, doch finden sich an vielen wichtigen Kreuzungen Übersichtspläne mit dem dichten Wegenetz, so dass ein Verirren fast nicht möglich ist. Auf diese Weise lässt sich der Aussichtspunkt auch in eine Rundwanderung durch das gesamte Gelände einbauen.

Durch den mittleren Osten

Vila Franca do Campo – Furnas – Lagoa das Furnas – Pico do Ferro – Gorreana/Porto Formoso – Ribeira Grande

Von Ponta Delgada aus fahren Sie entlang der Hauptstraße (EN 1-1a) Richtung Osten nach Vila Franca do Campo.

Die Stadt war ehemals die Hauptstadt der Insel, bis sie im Jahr 1522 von einem schweren Erdbeben zerstört wurde und damit Ponta Delgada den Aufstieg zur neuen Inselmetropole ermöglichte. Dennoch ist Vila Franco bis heute eine pulsierende Stadt, die wesentlich größer wirkt, als es ihre Einwohnerstatistik mit nur rund 5.300 Menschen vermuten lassen würde. Zu den wohl beeindruckendsten Sehenswürdigkeiten der Stadt zählt die hoch über der Stadt gelegene, im 16. Jahrhundert errichtete Kapelle „Ermida da Nossa Senhora da Paz" mit ihrem charakteristischen, mit vielen Azulejos reich geschmückten Treppenaufgang. Der Ausblick von der Kapelle über die Stadt und das Umland ist spektakulär.

Ein weiteres Highlight ist die der Stadt vorgelagerte Kraterinsel „Ilhéu da Vila", ein Naturschutzgebiet der besonderen Art. Täglich dürfen

maximal 400 Personen die kreisrunde Insel mit dem natürlichen Badepool im Inneren besuchen, welche auch bei Einheimischen als Badeort sehr beliebt ist.

Wer lieber am Festland bleiben möchte, kann am Strand Praia Vinha d'Areia an der neuen Marina östlich der Stadt gut baden. Auch der Aqua-Park Atlantico Splash mit zahlreichen Rutschen und Pools lädt hier zum Baden und Plantschen ein.

> **TIPP:** Die Bootsüberfahrten zur Insel „Ilhéu da Vila" starten stündlich am Hafen, dort sind auch die Tickets für € 4,50 (Hin- und Rückfahrt pro Person, Stand 2010) zu erwerben. Da es sich um eine Kraterinsel mit zum Teil sehr scharfen Steinkanten handelt, sind feste Badeschuhe empfehlenswert. Umfangreichere Verpflegung sollte mitgebracht werden, auf der Insel gibt es nur einen kleinen Kiosk mit Getränken, Chips und Ähnlichem. Die Rückfahrt zum Hafen erfolgt im Sommer stündlich bis ca. 19 Uhr abends.

Von Vila Franca do Campo geht es weiter nach Furnas. Der ruhige kleine Ort liegt im vulkanisch aktiven Furnastal, nordöstlich des Lagoa das Furnas. Die Straße führt ein Stück weit an der Ostseite des Sees entlang und gabelt sich dann, wobei die Abzweigung nach rechts in den Ort führt und die linke Abzweigung zum Parkplatz am See. Wenn Sie zum Parkplatz am See fahren, werden Sie bereits dort stellenweise Schwefelablagerungen sehen und den Geruch der heißen Schwefelquellen (Caldeiras) wahrnehmen.

> **HINWEIS:** Der Lagoa das Furnas ist extrem überdüngt und wird daher künstlich mit Sauerstoff versorgt, um ein endgültiges Kippen zu verhindern – so schön das Wasser auch aussieht und so einladend der See auch wirken mag, auf ein Bad darin sollten Sie jedoch Ihrer Gesundheit zuliebe besser verzichten!

Nehmen Sie sich etwas Zeit, spazieren Sie zu den heißen Quellen und erleben Sie den spektakulären Anblick des kochend heißen Thermalwassers direkt aus dem Erdinneren.

Die zahlreichen kleinen Erdhügelchen in unmittelbarer Umgebung der Quellen sind keine Maulwurfhügel – in ihnen befindet sich die wohl berühmteste kulinarische Spezialität der ganzen Insel, der „Cozido". Dabei handelt es sich um ein Gericht aus Rind- und Schweinefleisch, Wurst und Hühnchen, welche gemeinsam mit Kartoffeln, Süßkartoffeln, Weißkraut und Taro als Beilagen auf Vorbestellung von den örtlichen Gastronomen frühmorgens im Erdreich nahe der Quellen vergraben und abends frisch ausgegraben serviert wird. Die im warmen Erdreich vorhandenen vulkanischen Mineralien verleihen dem Cozido seinen unverwechselbar würzig-aromatisch milden Geschmack.

TIPP: Dieses Geschmackserlebnis sollten Sie sich auf keinen Fall entgehen lassen! Den Cozido sollten Sie bei einem der Restaurants im Ort (siehe Kapitel Service) vorbestellen, um ihn dann 1-2 Tage später frisch und extra für Sie zubereitet genießen zu können. Vorsicht bei Restaurants, in denen Sie nicht vorbestellen müssen – Cozido aus dem Küchenofen ist geschmacklich mit dem im Erdreich gegarten keinesfalls vergleichbar!

Entlang der Westseite des Sees führt ein relativ leicht begehbarer Weg, welcher einen Rundweg um den ganzen See beschreibt, an der Ostseite jedoch der Straße entlang führt und wieder am Parkplatz beim See endet. Fahren Sie nun zurück auf die Straße und nehmen Sie die Abzweigung nach Furnas.

Berühmtheit erlangte der kleine Ort bereits im 18. Jahrhundert als hochgepriesener Kurort, denn aufgrund der vulkanischen Aktivität im Tal existieren dort viele heiße Heil- und Schwefelquellen sowie Thermalbäder. Besonders sehenswert ist der 1780 von dem amerikanischen Orangenbaron Thomas Hickling angelegte, wunderschön gepflegte Terra-Nostra-Park. Der Eintritt in die Parkanlage kostet € 5,- pro

Person (Stand: 2010), geboten wird dem Besucher dafür eine sorgsam gepflegte Vielfalt an botanisch wertvollen und seltenen Pflanzen aus aller Welt sowie die Möglichkeit eines Bades in einem riesigen Thermalpool bei angenehmen 38° C Wassertemperatur. Für eine ausgiebige Erkundung der gesamten Parkanlage sollte man mindestens einen halben Tag Zeit einplanen. Zum Park geht es vom Hauptplatz aus, wo sich das Postamt und die große Kirche befinden (hier

beginnt auch die Wanderung „Furnas"), über die Rua Maria Eugénia Moniz Oliveira bzw. im späteren Verlauf Rua Padre José J. Botelho genannte Straße Richtung Süden, wo man anschließend nach links in die Rua Santana einbiegt. Zum Eingang des Parks führt sodann die erste Abzweigung nach links.

Wem die Botanik weniger am Herzen liegt, hat in Furnas auch die Möglichkeit, ein Bad im „Paradise Pool" zu nehmen. Die ursprünglich so bezeichnete kleine, mit heißem Thermalwasser gefüllte Grotte war jedoch 2010 wegen Einsturzgefahr nicht mehr zu betreten. Etwas unterhalb der Grotte wird das warme Thermalwasser jedoch in kleinen Betonbecken gesammelt, welche bei freiem Eintritt zu einem entspannenden Bad einladen. Die Becken der Paradise Pool-Anlage liegen etwas versteckt im Süden des Städtchens: Sie fahren wieder in die Rua Santana und folgen jedoch dem Straßenverlauf geradeaus in die Rua Igreja, vorbei an einer kleinen Kirche bis zum Restaurante Águas Quentes. Hinter diesem biegen Sie rechts ab und parken auf dem Parkplatz rechter Hand eines kleinen betonierten Weges. Folgen Sie dem betonierten Weg nun bergauf – er führt direkt zu den Schwimmbecken.

Verlassen Sie nun Furnas in nördöstlicher Richtung auf der EN 2-1a. Folgen Sie dem Straßenverlauf, der eine sanfte Schleife nach Westen beschreibt, bis Sie zu einer Abzweigung nach links kommen, auf der Sie zum Aussichtspunkt Pico do Ferro gelangen. Dieser Aussichtspunkt bezaubert nicht nur mit einem spektakulären Blick auf die Lagoa das Furnas, dort beginnt auch ein Wanderweg hinunter zum See (siehe Wanderung „Pico do Ferro – Caldeiras da Lagoa das Furnas").

Folgen Sie anschließend dem Straßenverlauf weiter nach Norden bis Sie zu einer nicht zu übersehenden Kreuzung mit der Hauptstraße EN 1-1a kommen und biegen Sie nach links auf diese ein und folgen Sie dem Straßenverlauf nach Westen Richtung Porto Formoso. Entlang dieser Straße liegen die zwei einzigen Teeplantagen innerhalb der gesamten Europäischen Union. Beide Plantagen können besichtigt und sowohl die dort produ-

zierten Teesorten verkostet als auch erworben werden (siehe Kapitel Service). Die Zufahrt zur ersten Plantage, die Sie passieren, zweigt rechts von der Straße ab und ist mit „Plantações de Chá Gorreana" beschildert. Die zweite Plantage liegt etwas weiter westwärts, direkt rechts an der Straße und ist mit „Chá Porto Formoso" beschildert.

Weiter dem Straßenverlauf Richtung Westen folgend gelangen Sie nach Porto Formoso, einem idyllischen kleinen Fischerstädtchen an der Nordküste. Die beiden etwas westlich des Stadtzentrums gelegenen Strände Praia Ilhéu und Praia dos Moinhos laden zu einem erfrischenden Bad im Meer ein.

Auf dem weiteren Weg nach Westen Richtung Ribeira Grande passieren Sie abschließend den Aussichtspunkt Miradouro Santa Iria mit seinem atemberaubenden Blick auf einen der schönsten Abschnitte der Nordküste.

TIPP: Auf dem Rückweg nach Ponta Delgada können Sie in Ribeira Grande einen Abstecher in das „Museu Municipal da Ribeira Grande" machen, in welchem neben Azulejos auch archäologische Funde sowie ein Modell der Stadt und typische Handwerksberufe wie Schuhmacher, Weber etc. vorgestellt werden. Das Museum befindet sich in der Rua São Vicente Ferreira 10, Öffnungszeiten: tägl. 8.30 - 17.30 Uhr.

Wandermöglichkeiten entlang dieser Rundfahrt:

Furnas (Rundwanderweg) (Kombinierbar mit Pico do Ferro – siehe dort)

Diese Wanderung beginnt in Furnas bei den „Três Bicas" – der großen Kreuzung der drei Hauptstraßen des Ortes – und führt von dort einer asphaltierten Straße entlang hinunter zu den Caldeiras am Ufer der Lagoa das Furnas und beschreibt dort eine Runde um den See. Ausgehend von der Westseite führt der leicht begehbare Weg im Süden vorbei an der „Nossa Senhora das Vitórias", einer in gotischem Stil erbauten, heute halb verfallenen Einsiedelei aus dem 19. Jahrhundert.

An der Ostseite des Sees führt der Weg die Regionalstraße entlang zurück in den Ort.

Code: PRC6SMI
Schwierigkeitsgrad: leicht
Länge: 9,2 km
Dauer: rund 2,5 h
Höhenunterschied: An- und Abstieg je 150 Höhenmeter

Pico do Ferro – Caldeiras da Lagoa das Furnas (und zurück)

Der Wanderweg hinunter zu den Fumarolen am See beginnt am Aussichtspunkt Pico do Ferro zunächst auf einer vom Aussichtspunkt weg abwärts führenden asphaltierten Straße, welche jedoch nach 200 m eine Biegung macht und in einen schmalen Pfad einmündet. Auf dem Weg hinunter zum See können Sie eine wahre Vielfalt an Tieren und Pflanzen beobachten. Vorsicht ist geboten, denn der Weg führt für eine kurze Weile einer Wasser führenden Strecke entlang – der Untergrund könnte rutschig sein! Am See angekommen können Sie nach Belieben noch einen Teil des Wanderweges „Furnas" (siehe oben) anschließen und eine Runde um den See wandern, bevor es über den selben Weg wieder zurück auf den Pico do Ferro geht.

Code: PR22SMI
Schwierigkeitsgrad: mittel
Länge: 4 km
Dauer: rund 2 h
Höhenunterschied: An- und Abstieg je 230 Höhenmeter

Durch den Inselosten

Vila Franca do Campo – Furnas – Maia/Lombo da Maia – Pico da Vara – Nordeste – Povoação – Furnas

Von Ponta Delgada fahren Sie entlang der Hauptstraße (EN 1-1a) Richtung Osten, vorbei an Vila Franca do Campo über Furnas weiter Richtung Norden entlang der EN 2-1a bis nach Maia. Alternativ können Sie auch von Ponta Delgada nach Ribeira Grande fahren und von dort in östlicher Richtung weiter bis Maia. Der hübsche 2.000-Seelen-Ort ist für sich genommen bereits einen Besuch wert. Wenn Sie jedoch durch den Ort weiter Richtung Osten fahren, gelangen Sie nach Lomba da Maia, wo Sie eine Wanderung zu einem der schönsten Badestände der Insel, dem „Praia da Viola", unternehmen können.

Anschließend fahren Sie über die Hauptstraße EN 1-1a Richtung Osten. Knapp
einen Kilometer hinter der Ortschaft Salga
liegt mit dem Miradouro do Salto da Fa-
rinha wohl einer der schönsten Aussichtspunkte und Picknickplätze der gesamten
Insel. Fahren Sie anschließend weiter
Richtung Osten, gelangen Sie zu einem
in einer scharfen Linkskurve direkt an der
Straße gelegenen kleinen Parkplatz, wo
Sie den Naturpark „Parque Natural da Ribeira dos Caldeirões" besuchen können.
Ein Wasserfall, eine restaurierte Mühle
und prächtige Pflanzen säumen den Weg
durch den liebevoll angelegten Park.

Fahren Sie weiter Richtung Osten bis Sie Algarvia erreichen, wo Sie
die Möglichkeit haben, den höchsten Berg der Insel, den Pico da
Vara, zu besteigen. Folgen Sie der Straße durch den Ort, vorbei an
der Kirche bergauf. Halten Sie sich bei der Kreuzung am Ortsende
rechts und folgen Sie dann dem Straßenverlauf für knapp dreieinhalb
Kilometer immer geradeaus bergauf. Lassen Sie sich von den schlechten Straßenverhältnissen (die asphaltierte Straße verwandelt sich nach
gut einem Kilometer plötzlich in eine Schotterpiste) nicht beeindrucken
und folgen Sie der Straße bergauf, bis Sie zu einem kleinen Park-

platz am Waldrand gelangen, an welchem der Beginn der Wanderung hinauf auf den Pico da Vara beschildert ist (siehe Wanderung Algarvia – Pico da Vara). Der 1.103 m hohe Berg ist die höchste Erhebung der Insel und einziger Lebensraum für den Priolo, den äußerst seltenen Azorengimpel.

Nach der Wanderung geht es weiter Richtung Osten nach Nordeste. Die sehr abgelegen im Nordosten der Insel liegende Stadt hat vom touristischen Aufschwung der Insel weit weniger profitiert als die Städte an der Südküste. So präsentiert sich die nur rund 1.400 Einwohner zählende Stadt dem Besucher als großes Dorf mit beschaulich-ruhiger Atmosphäre. Sehenswert ist vor allem der Ausblick von dem südlich der Stadt gelegenen Aussichtspunkt Miradouro da Vista dos Barcos auf den Hafen der Stadt. Wer möchte (oder besser gesagt: Wer der Motorleistung seines Leihwagens vertraut), kann auch über eine äußerst steile Stichstraße, welche knapp einen Kilometer südlich des Stadtzentrums Richtung Fischerhafen abzweigt, direkt hinunter an den Hafen fahren.

Von Nordeste aus führen zwei Straßen nach Povoação, wobei bei schönem Wetter der Regionalstraße EN 1-2a über die Serra de Tronqueira aufgrund der herrlichen Landschaft und des traumhaften Aushlicks der Vorzug gegeben werden sollte. Die zweite Straße, die EN 1-1a, führt der Küste entlang und bietet dabei mit zahlreichen Aussichtspunkten die Möglichkeit, herrliche Eindrücke der Ostküste zu sammeln. Povoação selbst ist eine gepflegte kleine Stadt, welche sich über sieben Hügelrücken („lombas") weit ins Inselinnere erstreckt. Neben einem kleinen Tierpark westlich des Stadtparks ist die Kirche „Nossa Senhora de Rosário" aus dem 17. Jahrhundert die wichtigste Sehenswürdigkeit der Stadt.

Auf dem Weg entlang der EN 2-1a nach Westen – Richtung Furnas– lohnt sich ein Abstecher hinunter nach Ribeira Quente, einem kleinen Küstenort mit einem schönen kleinen Sandstrand. Der Ort, dessen Name „warmer Fluss" bedeutet, wurde 1997 in Folge starker Regenfälle erst von Schlamm- und Steinlawinen und kurz darauf von einem hef-

tigen Sturm stark zerstört. Infolgedessen wurde eine massive Uferbefestigung errichtet, welche die kleine Stadt nun vor Sturmfluten schützt. Zwar wird der „warme Fluss" von heißen Quellen gespeist, kühlt jedoch bis zur Einmündung ins Meer soweit ab, dass man davon nur mehr wenig bemerkt. An dem im Westen der Stadt gelegenen Strand Praia do Fogo wärmen jedoch heiße Quellen das Wasser, was sich angeblich besonders bei einem Bad bei Ebbe angenehm bemerkbar machen soll.

> **TIPP:** Freunde guten azoreanischen Weines sollten in Ribeira Seca, dem östlichen Vorort von Vila Franca do Campo, eine der dortigen Weinkellereien besuchen (siehe Kapitel Service).

Auf dem Rückweg nach Ponta Delgada empfiehlt sich noch ein Abstecher nach Caloura, jenem Flecken, dessen schöner Strand und der direkt daneben gelegene, ins Meer gebaute öffentliche Pool viele Postkarten der Insel zieren. Die Zufahrt erfolgt über die kleine Ortschaft Vila de Água de Pau westlich von Vila Franca do Campo.

Wandermöglichkeiten entlang dieser Rundfahrt:

Praia da Viola (und zurück)

Die Wanderung beginnt neben der Kirche von Lomba da Maia und führt rund 400 Meter der Straße entlang bevor der Weg gegenüber einem Trinkbrunnen nach rechts die Rua do Forno da Telha hinunterführt. Außerhalb der Siedlung verwandelt sich der Weg in einen Pfad, welcher zur Bucht hinunter führt. Dieser mündet in eine betonierte Straße, an welcher Sie links abbiegen und geradeaus gehen, bis Sie zum Bach Ribeira do Salto gelangen. Nachdem Sie diesen überquert haben, passieren Sie einige alte Wassermühlen und gelangen anschließend an den Strand. Der Rückweg entspricht dem Hinweg.

Code: PR27SMI
Schwierigkeitsgrad: leicht
Länge: 10 km
Dauer: rund 4 h
Höhenunterschied:
An- und Abstieg je 340
Höhenmeter

> **TIPP:** Vom Strand aus können Sie die Wanderung auch bis nach Maia ausdehnen. Auf ungefähr der halben Länge der Bucht beginnt ein Pfad, der neben den Wassermühlen hinauf auf das Kliff und von dort relativ eben nach Maia führt. Der Weg nach Lomba da Maia führt über dieselbe Strecke wieder zurück.

Algarvia – Pico da Vara (und zurück)

Hinweis: Die Besteigung bedarf einer Genehmigung des Serviço Florestal (Adresse: Rua do Contador 23, Ponta Delgada). Am Ausgangspunkt erfolgten jedoch im Sommer 2010 keine Kontrollen. Der Weg ist zuweilen sehr rutschig, feste Bergschuhe und Wanderstöcke sind daher sehr zu empfehlen! Die Wanderung beginnt am Parkplatz am Waldrand bei einer Wegetafel und führt auf einem je nach Wetterlage sehr rutschigen Lehmpfad durch einen Sicheltannenwald hindurch. Nach rund einem Kilometer wechselt die Vegetation hin zu jenen flach wachsenden Gräsern, welche dem Gebiet den Namen „Planalto dos Graminhais" gaben und Sie gelangen zu einer Gabelung, bei welcher Sie zum Pico da Vara nach links gehen müssen. Genießen Sie einen Moment den Ausblick auf die Südküste! Nach rund 500 m gelangen Sie zu einem Erinnerungsdenkmal an einen Flugzeugabsturz im Jahre 1949, bei welchem unter anderem der damalige Geliebte der französischen Chansonsängerin Édith Piaf tödlich verunglückte. Nach weiteren eineinhalb Kilometern haben Sie den Gipfel des Pico da Vara erreicht, der Rückweg führt über denselben Weg wieder zurück zum Parkplatz.

Code: PR7SMI
Schwierigkeitsgrad: schwer
Länge: 7 km
Dauer: rund 5 h
Höhenunterschied: An- und Abstieg je 400 Höhenmeter

Service

Souvenirs und Fotobedarf

Was wäre ein Aufenthalt auf einer der schönsten Inseln des Atlantiks ohne die obligatorischen Mitbringsel. Um die Nerven bei der Suche nach den passenden Andenken größtmöglich zu schonen, hier einige der klassischen und beliebtesten Souvenirs von São Miguel und ausgewählte Bezugsquellen:

Tee

Von den beiden einzigen Plantagen innerhalb der EU können Sie schwarzen Tee beziehen. Zur Auswahl stehen Orange Pekoe (aromatisch-kräftig), Pekoe (aromatisch-weich) und Broken Leaf (harmonisch-mild).

Der beliebte Touristenmagnet: Teefabrik „Plantações de Chá Gorreana" (geöffnet: Mo-Fr 8.00-17.00 Uhr)

Rua Gorreana de Cima, 9625 Gorreana, www. gorreana.com

Die kleine feine Alternative: Teefabrik „Chá Porto Formoso" (geöffnet: Mo-Fr 10.00-18.00 Uhr)

Estrada Regional 24, 9625 Porto Formoso

Azulejos

Die wunderschönen Fliesenbilder mit den zumeist blauen Motiven sind überall auf der Insel gegenwärtig – ob als Fassadenschmuck, Wandverkleidung in Innenbereichen oder als Sakralmotiv. Es gibt unzählige Hersteller auf der Insel, ein renommierter Betrieb, der Besuchern der Fabrik auch die Möglichkeit gibt, dem Produktionsprozess beizuwohnen, ist Cerâmica Micaelense. Hier gibt es anschließend an die Fabrik auch einen Schauraum, wo man nicht nur die Handwerkskunst der Mitarbeiter bewundern, sondern auch Fliesen, Geschirr und Vasen als Souvenirs erwerben kann. Wem die Fahrt nach Ribeira Grande zu weit ist, kann auch die Dependance der Firma im Einkaufszentrum Solmar in Ponta Delgada aufsuchen.

Fliesenfabrik „Cerâmica Micaelense" (geöffnet: Mo-Fr 8.00-12.00, 13.00-18.00 Uhr)

Rua do Rosario 42, 9600 Ribeira Grande (am östlichen Ortsausgang Richtung Ribeirinha, linker Hand)

Verkaufsstelle Einkaufszentrum Solmar (geöffnet: täglich 10.00-22.00 Uhr), Avenida Infante Dom Henrique 71, 9500 Ponta Delgada

Likör

In der Likörfabrik „Fábrica de Licores Mulher de Capote Eduardo Ferreira" wird Likör aus den Passionsfrüchten (Maracujas) der hauseigenen Plantage erzeugt, ebenso wie regionale Brombeer-, Bananen- oder Ananaslikörspezialitäten. Alle Sorten sind auch in einer weniger süßen Variante als Brandy erhältlich. Sie können in der Fabrik nicht nur den Produktionsprozess der verschiedenen Liköre verfolgen, sondern auch die Produkte des Hauses kostenlos probieren und im Shop erwerben. Sehr empfehlenswert sind auch die Marmeladen und Karamellbonbons!

Likörfabrik „Fábrica de Licores Eduardo Ferreira" (geöffnet: Mo-Fr 9.00-12.00, 13.00-18.00 Uhr)

Rua do Berquò 12, 9600 Ribeira Grande (vom Zentrum ca. 1 km der Beschilderung Richtung Lagoa do Fogo folgen und auf der Höhe des Café Mario Jorge nach links abbiegen, nach ca. 100 m rechts), www. mulherdecapote.com

Wein

In Ribeira Seca, dem östlichen Vorort von Vila Franca do Campo, wird der fruchtige azoreanische Rotwein „Vinho de Cheiro" hergestellt und vertrieben. Der größte der fünf Produzenten im Ort ist Lima & Quental, der mit dem „Ilhéu" den bekanntesten Vinho de Cheiro herstellt.

Weinkellerei Lima & Quental (geöffnet: Mo-Fr 8.00-18.00 Uhr)

Estrada Nova, 9680 Ribeira Seca (zweigt von der Straße nach Furnas ab)

Diverse landestypische Andenken

In Ponta Delgada, an der Küstenstraße Avenida Infante Dom Henrique (zwischen Einkaufszentrum Solmar und Hotel Giovata) bietet Maviripa ein buntes Sortiment an regionalem Kunsthandwerk, Muscheln, Feuerzeugen und diversen anderen Reiseandenken (geöffnet: 9.00-20.30 Uhr).

Fotobedarf in Ponta Delgada

Mega 4 – Rua Gil M. Alverne 10-12

Foto Nóbrega – Rua Machado dos Santos 74

Parque Atlântico – Rua da Juventude (geöffnet: 10.00-22.00 Uhr)

Restaurantempfehlungen

Im Westen

Sete Cidades – „Lagoa Azul" oder „O Arado" (beide in der Rua da Caridade)

Mosteiros – „O Americano" in der Rua Pensoes (Straße gegenüber der Kirche, nur mittags, So Ruhetag)

Ponta Delgada – „Casa de Pasto O Avião" (Rua do Comandante Jaime de Sousa 14, So Ruhetag) oder „O Museu" (Rua Dr. Guilherme Poças 67, Di Ruhetag)

Im mittleren Westen

Rabo de Peixe – „O Pescador" (am östl. Ortsrand der Beschilderung „Indústria pesqueira" folgen, So Ruhetag)

Ribeira Grande – „Monte Verde" (Rua da Areia 4) oder „Lagoa do Fogo" (knapp 3 km außerhalb der Stadt auf dem Weg zum Lagoa do Fogo, Mo Ruhetag)

Lagoa – „Borda d'Água" (Largo do Porto 52 am Hafen) oder „A Traineira" (Rua Dr. José Pereira Botelho, Mi Ruhetag)

Im mittleren Osten

Furnas – „Tony's Restaurant" (siehe Runde im Osten – Abendessen) oder „O Miroma" (Rua Dr. Frederico Moniz Pereira 15, Mi Ruhetag)

Porto Formoso – „Cantinho do Cais" (am Hafen)

Ribeira Grande – „Restaurante da Associação Agricola" (in Santana beim Viehmarkt, So Ruhetag) oder siehe auch Runde im Mittleren Westen – Mittagessen

Ponta Delgada – „Restaurante Nacional" (Rua Açoreana Oriental 18, So Ruhetag) oder „Restaurante O Estradinho" (Rua Teòfilo de Braga)

Im Osten

Nordeste – „Restaurante Tronqueira" (Rua da Tronqueira)

Povoaçao – „Copo Alto" (Largo do Jardim Municipal)

Furnas – Restaurante Tony's (Largo da Igreja 5, schräg gegenüber der Kirche, für die Spezialität „Cozido" Vorbestellung 1-2 Tage vorher erforderlich, Tel. +351/296/584290)

Vila Franca do Campo – „Universo" (Rua Dr. Augusto Botelho Simas 11, So Ruhetag) oder Cantinho da Vila (Rua dos Oleiros)

Mietwagenagenturen

Von den internationalen Mietwagenagenturen sind unter anderem Europcar (www.europcar.com), Hertz (www.hertz.com) und Avis (www.avis.com) am Flughafen von Ponta Delgada vertreten. Weiters gibt es auf der Insel noch folgende lokale (und zumeist günstigere Anbieter):

www.7lombas.com - Einer der preisgünstigsten Anbieter der Insel mit Standort in Povoação. Leihwagen werden auf Wunsch zum Hotel in Ponta Delgada gebracht und wieder abgeholt, 10% Nachlass auf Onlinereservierungen.

www.micauto.com - Kleiner, ebenfalls recht günstiger Anbieter mit Standort in der Hauptstadt, 10% Nachlass auf Onlinereservierungen.

www.azoresrent.com - Anbieter der preislichen Mittelklasse, Standorte auf vier Inseln, auf São Miguel in Fajã de Baixo, einem Vorort von Ponta Delgada.

www.autocunha.net - Ebenfalls mittelpreisiger Anbieter mit Standort in Ponta Delgada, gleichzeitig Autohändler.

www.autatlantis.com - Einer der teuersten Anbieter, trotz Nachlass von 15% im Winter und 10% während des restlichen Jahres. Standorte in Ponta Delgada am Flughafen, Vila Franca do Campo und Ribeira Grande.

www.ilhaverde.com - Der mit Abstand größte und teuerste Anbieter der Insel, Kooperationspartner von Europcar und Avis. Standorte in Ponta Delgada Zentrum, am Flughafen und in Furnas.

Informationsportale im Internet

www.destinazores.com - Englischsprachiges Tourismusportal mit umfassenden Informationen zu allen Inseln und deren Städten sowie den gängigsten Sehenswürdigkeiten. Auch gute Informationen zu Essen, Unterkunft, Kirchen, Museen und insbesondere auch eine umfassende Liste aller verfügbaren Autoverleihagenturen.

www.trails-azores.com - Englischsprachiges Wanderportal mit GPS-Tracks der offiziellen Wanderrouten zum kostenlosen Download und Informationen zu aktuell gesperrten Wegen bzw. Wegabschnitten – eine Pflichtseite für alle Wanderer!

www.azoren-online.com - Optisch zwar nicht auf dem neuesten Stand befindliches Informationsportal in deutscher Sprache, dafür aber mit kostenlosen GPS-Karten der Inseln. Über den Menüpunkt „rotherwanderbuch" können auch die GPS-Tracks zu den Touren kostenlos heruntergeladen werden.

www.visitazores.com/en - Englischsprachiges Portal, spärliche Informationen, dafür umfassender Veranstaltungskalender für alle Inseln.

www.azoren.at - Informationsportal mit vielen detaillierten Hintergrundinformationen.

www.azoren-archipel.de - Informationsportal mit schönen Bildern und recht umfassenden Informationen.

Grundwortschatz Portugiesisch

Deutsch	Portugiesisch
Hallo!	Olá!
Guten Morgen!	Bom dia! (bis 12 Uhr)
Guten Tag!	Boa tarde! (ab 12 Uhr)
Guten Abend/Gute Nacht!	Boa noite! (ab Sonnenuntergang)
Auf Wiedersehen!	Adeus!
Bitte	Faz favor/Por favor, höflich: Se faz favor
Danke!	Obrigado! (als Mann) Obrigada! (als Frau)
Entschuldigung, ... (vor Fragen)	Com licença, ...
Entschuldigung!	Desculpe!
Es tut mir sehr leid!	Lamento muito!
Keine Ursache/Kein Problem!	De nada!
Ja	sim
Nein	não
Wie geht es Ihnen?	Como está?
Danke, (sehr) gut.	(Muito) bem, obrigado/obrigada.
Ich verstehe nicht.	Não entendo.
Wo ist...?	Onde é...? oder: Onde fica...?
Wo sind...?	Onde são...? oder: Onde ficam...?
Gibt es hier ein/eine...?	Há aqui um/uma...?
Tankstelle	posta de gasolina
10/20/30 Liter...	Dez/vinte/trinta litros...
... Diesel	... de gasóleo
... Normalbenzin	... de gasolina normal
... Super bleifrei	... de super sem chumbo
Ich möchte gerne...	Queria...
Die Rechnung, bitte!	A conta, se faz favor!

Stichwortverzeichnis

Algarvia	44, 47	Nossa Senhora das Vitórias	42
Avenida Infante Dom Henrique	21	Nossa Senhora de Rosário	45
Azoren-Hoch	9	Palácio da Conceição	22
Caldeira Velha	30, 31	Paradise Pool	40
Caldeiras (Schwefelquellen)	31, 37	Parque Natural da Ribeira dos	
Caldera/Calderen	6, 30	Caldeirões	44
Caloura	46	Pico Barrosa	30
Convento de Nossa Senhora da		Pico da Cruz	29
Esperança	22	Pico da Vara	43, 47
Cozido	38	Pico do Carvão	25, 29
Éguas	29	Pico do Cascalho	34
Ermida da Nossa Senhora da Paz	36	Pico do Ferro	40, 42
Fajã de Baixo	30, 34	Pinhal da Paz	30, 34
Forte de São Bras	19, 22	Ponta do Escalvado	28
Furnas	36, 40	Portas da Cidade	23
GPS-Tracks	24	Porto dos Pocos	33
Hafenpromenade (s. Marina)		Porto Formoso	36, 41
Igreja Matriz de São Sebastião	22	Povoação	43, 45
Igreja São José	22	Praça 5 de Outubro	21
Ilhéu da Vila	36	Praia da Viola	43, 46
Jardim Antero de Quental	21	Praia do Fogo	46
Jardim António Borges	22	Praia Vinha d'Areia	37
Jardim do Palácio de Sant'Ana	22	Rabo de Peixe	30, 33
Jardim José do Canto	19, 22	Relva	25, 28
Jardim Padre Semas Freitas	22	Ribeira Grande	30, 32, 42
Lagoa Azul	25	Ribeira Quente	45
Lagoa das Furnas	36, 40	Ribeira Seca	32
Lagoa do Canário	25, 29	Rocha da Relva	25, 28
Lagoa do Fogo	30, 31	Salga	44
Lagoa Verde	25, 26	Salto do Cabrito	31, 35
Lagoas Empadadas	25	Serra de Água de Pau	30
Largo de Gonçalo Velho Cabral	23	Serra de Tronqueira	45
Lomba da Maia	43, 46	Scrra Devassa	26, 29
Maia	43, 47	Sete Cidades	25, 29
Marina	18, 21	Solmar (Kaufhaus)	18
Mata do Canário	26, 29	Teeplantagen	7, 41
Miradouro	24	Terra-Nostra-Park	39
Miradouro da Vista dos Barcos	45	Várzea	27
Miradouro do Caminho Novo	25, 28	Vila das Capelas	33
Miradouro do Salto da Farinha	44	Vila de Água de Pau	46
Miradouro Santa Iria	42	Vila Franca do Campo	36, 43
Monumento ao Emigrante	22	Visto do Rei	25, 29
Mosteiros	25, 27	Walfang	7, 33
Museu Carlos Machado	22	Whale Watching	15, 16
Museu Municipal da Ribeira		Zeitverschiebung	4
Grande	42		
Nordeste	43, 45		

Service

Übersichtskarte Inselwesten

Stadt
Ort
Dorf
Berg
Aussichtspunkt

Übersichtskarte Inselosten

Impressum

© 2011 Manfred Föger, Anita Kuprian

Layout: Anita Kuprian, BLU
Bildbearbeitung: Manfred Föger, BLU

Für Hinweise und Anregungen zu diesem Buch sind wir jederzeit dankbar. Bitte richten Sie diese an:
BLU - Biologie Landschaft Umwelt
Kaiser-Franz-Joseph-Straße 14
A-6020 Innsbruck
office@blu.or.at

Bildnachweise:
Mertz, Peter: S. 24
Alle übrigen Bilder: Archiv BLU Dr. Manfred Föger und Archiv Anita Kuprian

Umschlagbild: Blick vom Pico do Carvão auf die Nordküste
Umschlagrückseite: Oben: Blick auf Nordeste, Mitte: Aussicht von der Serra Devassa, Unten: Natürliche vulkanische Schwimmbecken an der Westküste bei Mosteiros

Bibliografische Information der Deutschen Nationalbibliothek
Die Deutsche Nationalbibliothek verzeichnet diese Publikation in der Deutschen Nationalbibliografie; detaillierte bibliografische Daten sind im Internet über **http://dnb.d-nb.de** abrufbar.

Herstellung und Verlag:
Books on Demand GmbH, Norderstedt
ISBN 978-3-8423-4794-6